石川晃弘

ロシア、中欧の体制転換
——比較社会分析

ロゴス

凡　例

外国語の片仮名表記について：

①人名と地名はできるだけ原語に近いように、v音は「ヴ」「(場合によっては「ウ」)、f音は「フ」とした。

②すでに日本語の普通名詞として使われている外来語は、一般に日本語の中で使われている用法に従った。「レベル」「イニシアチブ」など。

はしがき

　今から 30 年ほど前にソ連・東欧圏で起こった社会主義体制の崩壊と資本主義体制への転換は、20 世紀後半における恐らく最大の世界史的事件と言っても良いだろう。それは資本主義から社会主義への必然的移行を説く、史的唯物論の発展段階説とは逆行するものであった。そして、「社会主義とは資本主義に到る最も苦渋に満ちた道である」という、社会主義体制下のチェコで 1960 年代中葉に流行っていたアネクドート（風刺小噺）が、現実のものとなった。

　この体制転換を巡っては、これまでに膨大な数の研究書や解説書が刊行されてきた。しかしその多くはこの変動を政治次元や経済次元で論じたものであって、そこからは現地に暮らす人々の転換期における生活の実相や意識の流れがなかなか伝わってこない憾があった。本書ではこうした政治論や経済論から距離を置いて、社会と人間に遡及したアプローチを採ることにより、体制転換の意味を解釈するという方法的立場を採用する。それは、言い換えれば、体制転換を客観的変動過程として外在的に分析するのではなく、人々の意味的世界の出来事として解釈し理解するという立場である。

　今では「ソ連・東欧」という概念は現実には存在せず、「ソ連」はロシア連邦とその他複数の共和国に分かれ、「東欧」の中にあったポーランド、チェコスロヴァキア、ハンガリー

は体制転換後には「中欧」諸国と名乗っている。ロシアと中欧の国々はそれぞれ異なる歴史的文脈の下で社会主義体制を布き、その体制の崩壊後、資本主義体制に移行したという点で共通しているものの、人々の日常の生活と意識においてはそれぞれ個性ある特徴を呈している。本書ではそれを文化の違いとして固定的・静態的に捉えて文化類型論的に描き出すのではなく、その社会に住む個々の人間の生活と意識、そしてその人々の民族としての歴史記憶に遡及するという、動態的なアプローチをとる。

　筆者がこのような方法的立場にこだわりを持ち続けてきたのは、主として学生時代の指導教授、社会学者の尾高邦雄先生からの影響による。先生によれば、例えば企業を研究する場合、それを経営組織とか職務規定とか財務状態とかの客観的形象からではなく、生身の人々が自分の仕事に意味づけを与えながら関係しあっている場として捉えるという研究方針、つまり「人間遡及的アプローチ」が社会学の核心だという。筆者は長年、社会主義体制をこの社会学的視点から分析しようと心掛けてきた。そして既存の公式文書や学術文献をフォローするよりも、現地での生データの収集にいそしんだ。人々の生活行動の観察、様々な仲間関係の中での日常的な会話内容、現地の研究仲間が提供してくれる調査資料や分析レポート、幾つかの国際共同調査に参加して得られた比較データなどが、筆者の主な情報源である。

　そのようにして集めた情報をまとめて体制転換直後の中欧諸国（スロヴェニアを含めて）について『東ヨーロッパ─人と文化と社会─』（有斐閣、1992年）を著したが、その後の

諸過程をロシアとの比較を通して書き溜めた論文を纏めたのが本書である。その基となったのは筆者がここ10年余の間に発表した主な論稿である。

　第1章は本書刊行のために書き下ろしたが、それに続く各章の初出論文は以下の通りである。

　第2章は村岡到編著『歴史の教訓と社会主義』（ロゴス、2012年）所収論文「中欧における体制転換の『正当性』——回顧的素描」に若干の加筆をしたもの。

　第3章は『中央大学文学部紀要』（社会学科第16号、2006年）所収論文「移行期ロシアにおける現業労働者の労働生活」に添削を加えたもの。

　第4章は研究機関誌『ロシア・ユーラシアの経済と社会』（ユーラシア研究所、No. 1019、2017年8月号）所収論文「脱社会主義諸国における所得格差の動態と現状」に修正と加筆をしたもの。

　第5章は佐々木正道編『信頼感の国際比較研究』（中央大学社会科学研究所研究叢書26、中央大学出版部、2014年）所収の「ロシア人の信頼感——旧体制の遺物か新体制の産物か」と「チェコにおける社会的信頼感とその関連要因」の2つの章を1つに統合し修正加筆したもの。

　第6章は『中央大学文学部紀要』（社会学・社会情報学科30号、2020年）所収論文「中欧諸国民のロシア観——最近の世論調査結果から」に若干の加筆をしたもの。

　これらのうち3章から5章までの初出論文からはかなりの表を削除している。また、その中で用いた統計分析の手法とその結果の記載も省略してある。これらについて詳しい説明

をお望みの読者には、初出論文を参照していただければ幸いである。なお、章によっては他の章と重複するような記述もあるが、それぞれの章の独自性を保つため、敢えてそこには手を加えなかった。

　筆者はこれまで、ロシア、ウクライナ、東欧、中欧、さらには西欧の各地で、多くの方々から調査研究のお世話を受けたばかりではなく、個人的に好意溢れるお付き合いをさせていただいてきた。そしてその方々と共に飲み、歌い、語りあう中で、私の人生は豊かなものとなった。既に鬼籍に入られた方も少なくないが、長年に亘る友情に厚く感謝申し上げたい。

　最後になるが、本書の刊行を熱心にお勧めくださり、その編集作業の労をお引き受け下さったロゴスの村岡到氏に、ここに謝意を表したい。

　2020 年 6 月　　　　　　　　　　　　　　　著　者

ロシア、中欧の体制転換
——比較社会分析　　目　次

1990 年以降の変化

　ドイツの統一：1990 年　ユーゴスラヴィアの解体：1992 年

　ソ連の解体：1991 年　チェコとスロヴァキアの分離独立：1993 年

　ユーゴスラヴィアは体制転換期に５つの共和国（スロヴェニア、ク
ロアチア、ボスナ・ヘルツェゴヴィナ、セルビア・モンテネグロ、マ
ケドニアに分かれ、そのあとセルビア・モンテネグロがセルビアとモ
ンテネグロに分かれ、コソヴォがセルビアから分離した。マケドニア
の現在の名称は北マケドニア共和国。

第 1 章　本書の課題

　1917 年にロシアで生起し、第 2 次世界大戦後に東部ヨーロッパ諸国と東アジアに波及して全世界陸地面積の約 3 分の 1 を覆うに至った社会主義体制は、20 世紀最大の世界史的事象の 1 つに数えられよう。それが崩壊して既に 30 年もの年月が過ぎた。あの体制はその土地に住む人々にとって何であったのか、そしてその人々はその地で現在をどう生きているのか。

　この問いを基底に据えて「正当性」「労働生活」「所得格差」「社会的信頼」という 4 つの社会学的キイワードを柱に立て、ロシアと中欧諸国の人々にとっての社会主義体制とその崩壊の意味を追究し、さらに現時点での「中欧諸国民のロシア観」の特徴を析出してみる。これが本書の課題である。

　第 2 次世界大戦後のヨーロッパは、資本主義陣営の「西欧」と社会主義陣営の「東欧」とに引き裂かれ、両者は長年、「鉄のカーテン」によって分断されていた。それが 1989 年に引き下ろされ、社会主義陣営としての「東欧」の概念が現実的意味を失うに及んで、「東欧」に括られていた地域の中から、自らを「中欧」と規定する国々が現れてきた。ポーランド、ハンガリー、チェコスロヴァキア（1993 年からチェコとスロヴァキアに分離）がそれである。これらの国々は体制転換後の 1991 年に中欧 4 ヵ国協力機構（Visegrád 4、略称 V 4）

を打ち立て、今日に至っている。

この地域では社会主義体制が布かれる以前に既に工業化と市場経済が多かれ少なかれ一定の発達を遂げていて、市民社会も一定の広がりを見せていた。それは特にチェコにおいて顕著であり、そこでは個人主義、自由主義、そして民主主義も定着していた。

一方、ロシアは1917年の革命まで皇帝が頂点に立つ専制国家であり、農民が人口の圧倒的多数を占める前工業型社会であって、その農民の生活圏はほぼ共同体的村落と家父長支配の家族の域を出なかった。そこでは工業活動と市場経済の広がりが乏しく、市民社会も未発達であった。同年10月の共産主義革命の後は共産党独裁が布かれて極度な統制経済が行われ、その後に1時期、新経済政策が採られて部分的に市場経済の活用が図られたものの、1930年代には共産党独裁の強化、徹底した思想統制、諸産業の国有化と農業の集団化、国家計画による強行的な粗放的工業化を主な柱とした、ソ連型社会主義のモデルが確立された。そしてそれが第2次世界大戦後の中欧・東欧諸国に移植された。

その社会主義モデルは、市民社会が未発達で産業構造も後進的であった南・東欧の国々ではそれなりに順機能したとはいえ、歴史的、経済的、社会的条件を異にする中欧では早晩、逆機能して矛盾を露呈することとなった。1956年のポーランド事件とハンガリー事件、1968年のチェコスロヴァキア事件がそれをよく物語っている。

やがてソ連では1986年に経済の近代化と社会の民主化に向けたペレストロイカとグラスノシチが打ち出され、ソ連型

社会主義の全面的な改革が目指されたが、そこにもたらされたものは行政と経済と社会の混乱であった。そして遂に1991年、ソ連体制自体が崩壊し、その後の体制移行は混沌とした過程を辿り、経済と生活がそれなりに落ち着きを見せるようになったのは21世紀に入ってしばらく経ってからのことである。

1989年に社会主義体制が崩壊した中欧諸国は経済の市場化、政治の民主化、文化の自由化を目指して新体制作りの時代に入ったが、その移行過程は国によって違いがあった。体制崩壊以前に既に深刻な経済危機に陥っていたポーランドでは、その克服を急ぐ中で経済政策に競争と淘汰を促す新自由主義的「ショック療法」が採用されるなどして、社会と生活の中に矛盾と葛藤が広がった。ハンガリーでは社会主義時代に既に経済改革が進められて市場経済が作動しだしており、政治的民主化もプログラム化されだしていたが、その一方で多額の対外債務を背負い込み、それが体制転換後の経済運営に影を落とした。それを克服して経済成長を急ぐ中で採られたのは主として外資依存と新自由主義の経済政策であった。これに対してチェコスロヴァキアでの体制移行は当初やや緩慢にみえたが、所有改革へのバウチャー方式による国民の参加、社会保障水準の維持、政労使3者協議による政策形成など、この国の体制移行は合意と調整の論理を踏まえた漸進的改革の道を辿り、体制転換後の数年間、ストライキは1件も発生しなかった。

このように体制移行の過程には国と国とで一定の違いがあったにせよ、中欧諸国の人々の多くはいずれも社会主義体

制からの脱却を肯定的に受け止めた。社会主義体制崩壊後間もなくの1990年代初頭に実施された世論調査の結果を見ると、バルト3国を除く旧ソ連と東欧諸国では体制転換に否定的な意見が多く出ていたが、中欧諸国とバルト3国では肯定的な意見が多数を占めていた。この2群の国々の間に見られる世論の差の背景には、社会主義体制の是非に関する評価だけでなく、ソ連・ロシアに対する国民感情の違いもあった。バルト3国は第2次大戦前に一方的にソ連に編入され、中欧諸国は大戦直後からソ連の影響下に繰り込まれて、民族の自決と市民の自由が抑制されていた。したがって、社会主義体制の崩壊は、これらの国々の民族にとって、ソ連の桎梏からの解放を意味するものでもあった。

　本書の主題は、先に述べたように、社会主義体制の原型を打ち立てたロシアと、それが後に移植された中欧諸国を対象として、両者における体制転換の意味と現時点における社会状況を比較分析することにある。具体的にいえば、（1）社会主義体制と共産党支配はロシアと中欧諸国の民衆からどれだけ正当性を与えられていたか、（2）社会主義社会の主人公とされていた現業労働者の労働世界は体制転換後どんな状況に立ち至ったか、（3）体制転換後に急拡大した所得格差はロシアと中欧諸国でどんな現れ方をして、人々はそれをどう受け止めているのか、（4）社会統合の要としての社会的信頼が体制移行後の社会でどんな特徴を呈しているか、（5）そして現在、中欧の諸国民はロシアに対してどんな見方をしているのか、といった点が本書のテーマである。

　分析結果から浮かび上がってきたのは、次のような事実で

ある。

（1）社会主義体制は「正当」なものとして人々に受け入れられていたのかどうか。この点を現地の生活者の視点を通して探ってみると、ロシアと中欧とで大きな開きが見出される。社会主義体制下では自由がなかったとしてその正当性を否定する見方があるが、日々の生計を心配することなく子供を育て、演劇や音楽を楽しみ、治安も良かった社会主義時代の方が生活機会の自由な選択の幅があったという、ロシア人労働者の実感的な見方もある。彼らの見方からすれば、今は形式的には自由が保障されているとはいえ、実生活の中では自由は制限されてしまっているという。しかし中欧の人々の受け止め方はこれとは別である。

（2）体制転換後に労働者を襲ったのは雇用不安と失職の恐れ、実質賃金の低下や賃金の未払い、福利厚生の削減とサービスの低下、そして何よりも年金受給までの生涯雇用を期待していた勤務先企業の将来不安であった。こうした環境下で移行期ロシアの職場は暗く淀んだ雰囲気に包まれていた。そのような状況は中欧諸国でも見られたが、特にそれが顕著だったのはロシアであった。労働組合は労働者の利害表出機能を失っていた。この点も中欧諸国とは違っていた。しかしそのような状況の中にあっても、ロシアの労働者には職場での友好的な人間関係と健全な仕事感覚、そして企業に対する帰属意識も高水準で保たれていた。それは中欧諸国よりも顕著であった。

（3）社会主義体制崩壊後の社会では所得格差が顕著に拡大した。しかしその拡大の程度は国によって異なり、ロシア

では大きく、中欧、特にチェコでは小さかった。それを反映してか、ロシアでは「格差をもっと小さくすべき」（平等志向）という意見が年齢、学歴、職業、所得高の違いに関わりなく多い。他方、チェコでは「個々人の努力を促すために成果に応じて格差を認めるべきだ」（業績志向）という意見が概して多いが、高齢者、低学歴者、現業労働者においては平等志向がロシア並みに大きい。この2つの国の間の違いをどう解釈するかが章末で検討される。

（4）国際データを見ると、旧社会主義諸国における社会的信頼の水準は西欧の先進市場経済諸国に比べて低い。社会主義体制下では人々の間の信頼感が低く、その特徴が体制転換後の社会に持ち越されたという仮説がある。果たして旧社会主義諸国における信頼の低さは旧体制の履歴効果として説明しうるか、それとも体制転換後のアノミー（無規制）状況によってもたらされた新しい現象なのか。この点を分析してみると、ロシアでは体制転換後のアノミー状況から説明する方が妥当だとわかった。しかし、チェコに関しては体制の転換とは関わりなく、信頼は一貫して低水準で推移していることが見出された。このチェコの特異性をどう説明するかが、1つのテーマとされる。

（5）最後に、中欧の諸国民のロシア観を、各国国民の歴史記憶を辿り、国民性の違いにも目配りしながら、各種世論調査の諸結果に基づいて観察し、その解釈を試みる。

以下の各章において、上記の諸点についての分析を進め、そこで発見された経験的諸事実の包括的な検討を試みていく。

第2章　体制転換の「正当性」
──回顧的素描

はじめに

　かつて社会学者マックス・ウェーバーは、支配が成り立ち持続するためには、支配される側に、支配者の意思を受け入れ、それに自発的に従おうとする何らかの用意があることが条件だ、ということに目をつけた。そして、被支配者が支配に対してそれを「正当」なことと受け止めて、初めて支配が成立すると説いている（Weber 1925）。この「正当性」の概念に頼りながら、ロシアや中欧の現地で筆者が直接あるいは間接に入手した情報を基に、体制転換の背景と過程を描いてみる。

1　「自由」の意味

　まず、中欧における共産党支配の「正当性」を、ロシアにおけるそれと対比させて考察することから始めたい。
　ソ連邦崩壊から5年ほど経った1990年代中葉の話である。
　北海道大学スラブ研究センターの研究プロジェクト「スラブ・ユーラシアの変動：経済システム転換期における企業の動態分析」（主査・山村理人）のチームに入れていただき、体

制転換後の国有企業における経営状況と労働事情の調査のために、ロシアの幾つかの工業都市をまわっていた時のことである。

モスクワの南約450キロにある大都市ボロネジュの機械工場を訪れた時、作業現場を覗いてみたら、そこでは仕事がなくて工場は稼動しておらず、出勤してきた労働者達は所在なげにあちこちの機械の傍にたむろして世間話をしていた。私はその中の1つのグループに近づき雑談の輪に加わって、次の質問をしてみた。

「ロシアの民衆にとって、長いロシアの歴史の中でいつの時代がいちばん幸せだったと思うか。ロシアが強国になる礎を築いたイワン雷帝の頃か、近代化を始めたピョートル大帝の時代か、ロシアの領土を広げたエカチェリーナ女帝の時代か、社会主義革命とレーニンの時代か、社会主義体制を固め独ソ戦争を勝利に導いたスターリンの時代か、脱スターリンを謳って「雪解け」を導いたフルシチョフの時代か、そのあとのブレジネフの時代か、ペレストロイカを始めたゴルバチョフの時代か、それとも社会主義体制崩壊後の今か」。

中年の女性労働者が率先して答えた。「ブレジネフの時代だった」と。そして最悪の時代は体制転換後の今であり、それを用意したゴルバチョフ時代だと付け加えた。

私はその労働者に向かって、「でもブレジネフ時代には自由が抑圧されていたけど、今ではそれがあるではありませんか」と言ってみた。すると彼女は強い口調でこんなことを言いだした。「あなた、自由ってなんですか。ブレジネフ時代には安い料金で劇場にもコンサートにも行けたし、夜遅く女

１人で街を歩いても安全だった。外国旅行も労働組合が組織してくれた。ところが今はどうですか。料金が高くなって映画館にさえ行けなくなった。暗くなったら危なくて外出もできない。外国へ行くなど、私達にはもう夢の話だ。今は檻の中にいるような感じだ。あの頃はもっともっと自由だった。その自由を壊したのはゴルバチョフのペレストロイカですよ」と。

　ブレジネフ時代が良かったというのは、この女性労働者だけの話ではない。ブレジネフ時代の1970年代前半にモスクワに滞在したジャーナリストの高橋正はその著書で、ロシアの歴史の中で「『こんな良い時代はなかった』というのが庶民の実感なのです」と述べている（高橋 1976：15）。

　ブレジネフ時代といえば1968年の「プラハの春」を押しつぶし、アフガニスタンに派兵し、国内ではソルジェニツィンやサハロフの拘束など人権を抑圧していた時代で、その閉塞状況を突き破ったのが85年からのペレストロイカだ、というのが日本を含めて西側の大方の見方であった。しかし、ロシアの土壌の上で暮らす生活者の身になってみれば、こんな見方は実感からかけ離れた他所の国のインテリの空論でしかなかった。たしかに体制転換後のロシアでは、表現も結社も信仰も無制限と思われるほど自由になった。こうした事態はこれまでのこの国の歴史にはなかったことである。だが、生活者としての労働者の関心は、むしろその日常生活の営みにおいて選択できる行動の幅にある。先の労働者の場合、社会主義はこの幅を一定程度保証してくれていた体制だった。ロシアの社会主義体制は、単に権力による統制だけで支えら

れていたわけではなく、こうした民衆の生活意識によって正
当性を与えられて成り立っていたと言えるだろう。

　ところがチェコに行くと事情がまったく異なる。チェコ
では早くから市民社会が発達し、自由と平等と基本的人権の
理念が生活意識の中に根付き、人々は開放的な市民的自由を
日常生活の中で享受していた。第 1 次世界大戦後に成立した
チェコスロヴァキア共和国は、世界的にみて最も高水準の民
主主義を制度化した国の 1 つであった。工業力と経済水準の
点でも、1920 年代末にはこの国は世界で上から 10 位くらい
の水準にあり、社会民主主義勢力と労働勢力の影響の下で高
い福祉水準が保たれ、中産階級も発達していた。チェコ人は
社会主義以前の時代のこのような歴史記憶を集合的に共有し
ていた。ところが第 2 次世界大戦が終わって 3 年後に打ち立
てられた共産党独裁と社会主義体制の導入は、プロレタリア
執政の名の下に自由とそれを裏付ける基本的人権を著しく制
限した。これは先のような歴史記憶を持つチェコ人にとって
受け入れがたいことであった。

　「資本主義は社会的不平等を拡大し、失業や貧困を必然的
に伴うのに対して、社会主義はこれらの問題を克服し、豊か
な社会をもたらす」ということが、社会主義体制の正当性の
根拠として謳われていたが、それも次第に色あせてきた。チ
ェコの社会主義経済は 1950 年代末から停滞が顕著となり、
1960 年代に入るとマイナス成長すら記録するようになった。
私が 1967 年に初めてプラハに行った頃の話だが、「資本主義
体制下の労働者は窮乏化の中にあえいでいる」と教え込まれ
ていたプラハの市民が、当時、西欧から団体旅行でプラハ見

物に来た観光客を見て、当初、彼らの服装や金払いの良さから裕福なブルジョアの贅沢ツアーかと思ったそうだが、実際にはごく普通の労働者だということがわかって、東西の生活格差に愕然としだした。

1974年、石油危機が起こって間もない頃、スロヴァキアに立ち寄ってブラチスラヴァで大学教員とお茶飲み話をしていた時に失業のことが話題になり、現在日本では不況で失業率が3％を超すようになったと話したら、彼は意外な顔をした。社会主義体制下では完全雇用であるのに対して資本主義国では失業者が巷に溢れている、と思い込まされていたからである。歴史的に西欧と文化を共有し、地理的にも直接西欧と接しているチェコでは、とりわけ、西欧の生活状況の情報が市民の間に広がりやすく、社会主義の教説や宣伝の虚偽性が日常生活の感覚からしても明白になっていた。

チェコ人にとって、共産党支配と社会主義体制は、彼らの歴史記憶と生活感覚からいって、正当性を与えられなかった。共産党支配は1989年末に崩壊し、その3年半後の1993年に行われた世論調査（石川 1993：99 を参照）では、社会主義時代末期に当たる時点での政治システムを肯定的に評価していた回答は28％に過ぎなかったが、体制転換後の「現在の政治システム」については70％が肯定的回答を与えていた（ちなみにウクライナやベラルーシなどソ連に属していた国では社会主義時代の政治システムを肯定する回答が過半数を占め、現在のシステムを肯定する回答は僅かであった）。

支配される側の者がその支配を「正当」なことと受け止めて初めて支配関係が成立するというウェーバーの見地に立

てば、ロシアでは社会主義体制が労働者の間でそれなりに正当性を獲得していたのに対して、チェコではその根拠が欠けていたと言えよう。

しかしそれはチェコに限られたことではなく、中欧諸国全般に共通したことである。冷戦時代には中欧の国々は「東欧」諸国として、より東に位置する社会主義ブロックの国々と一括りにして捉えられていた。だが、中欧と東欧・ロシアとでは歴史や文化も、人々の生活様式や価値観も異なる。したがって社会主義体制の意味も基本的に違ってくる（Machonin 1997：11-13）。

社会主義体制を布く以前の東欧は工業が未発達の低開発地域であった。ここでは社会主義体制が有効に作動し、急速な工業化と経済発展が達成された。そしてその発展が一定段階に達した時になって、社会主義体制が崩壊して市場経済化と民主化を急ぐこととなった。市場化と民主化はこの地域では歴史的に初めての経験であった。しかし、その土台をなすべき工業化と経済発展は、社会主義体制が築き実現したものである。

ところが、中欧では、社会主義体制が布かれる以前に、すでに一定の工業化と市場経済の発達があり、市民的自由の広がりもあった。それは特にチェコにおいて顕著であったが、他の国でも多かれ少なかれ工業の蓄積が見られ、市民の公共空間が形成されていた。ここに新たに持ち込まれた社会主義体制は、この地域の社会経済発展に対して、むしろ逆機能的に作用し、その中で経済発展の停滞と社会的緊張がもたらされた。ここでは社会主義体制は、東欧とは異なる意味合いを

持ったのであり、その正当性のありかたも違っていたのだ。

2　民族の歴史記憶

　ロシアでは共産党支配と社会主義体制の正当性がエリート
だけでなく広く民衆にも受け入れられていたと見られるのに
対して、チェコやその他の中欧諸国ではそうとはならなかっ
た。そのもう1つの重要な要因としてあげることができるの
は、「共産主義」と民族感情の関係である。

　ロシア、そしてソ連邦は共産党支配と社会主義体制の下で
工業化を成功させ、第2次大戦（「大祖国戦争」）で勝利を収
め、宇宙衛星を飛ばし、幾つかの分野で世界最高水準の科学
技術を開発し、ＧＤＰでは世界第2位となり、強大国として
の地位を築いた。これはロシア人の民族的自負心を大いに高
揚させ満足させた。そして、「共産主義」という「普遍的価値」
を世界に広め実現するという誇りと使命感を持つことによっ
て、その民族的自負心はさらに強化された。19世紀のロシ
ア主導による大スラヴ主義がエリート達の使命感を支えた思
想だったとすれば、「共産主義」は民衆にも共有されたそれ
であった。

　ところが中欧地域の諸民族にとってはそうではなかった。
確かに「共産主義」は19世紀以来マルクスやその他のヨー
ロッパの思想家や運動家が練り上げた社会変革の思想とし
て、中欧でもそれを受け入れ信じていた人達が多かれ少なか
れいた。特にチェコではそうだった。しかし、その思想がロ
シアで1つの体制として打ち立てられ練りなおされてから

は、「共産主義」は中欧諸国の民衆にとってロシアの勢力拡大を正当化する外来思想として映り、潜在的、時には顕在的な拒否反応を引き起こした。特にポーランドの場合がそうである。

　ポーランドは中世には輝ける強大な王国を築き、ヨーロッパで１位か２位を競う大国であった。また、宗教改革の嵐がヨーロッパ各地を襲ったとき、この国の人々は頑としてローマ・カトリックの組織と教義を守り、この国はその宗派の牙城をなしてきた。光栄ある過去の歴史と文化、そして根強い信仰の世界が、民族の歴史記憶として広く人々の間で共有されている。ところがその後、18世紀末から1918年までの100年以上にわたって、ポーランドはロシア、プロイセン、オーストリアの３国に分割統治され、独立主権を奪われた。さらに、1939年にヨーロッパ大戦が始まると、その国土はソ連とドイツに分割された。ポーランド人にとって、ロシアは隙あらば自分達を支配しようとしている東方の脅威であり、「共産主義」は、それが良いか悪いかという以前に、ポーランド人の歴史記憶に根ざす反露感情と連動して受け入れがたいものであった。第２次世界大戦後この国にはソ連の後押しで共産党支配と社会主義体制が布かれたが、それはポーランド民族にとって、外から押し付けられた、到底正当性を認めることのできない代物であった。

　ハンガリーでもそうである。ハプスブルク王朝のオーストリアの支配下にあったハンガリー人が独立を目指して立ち上がった1848年の事件では、オーストリア側に付いたロシアがこの独立運動を打ち潰した。また、第２次世界大戦末期に

はハンガリーに押し入ったソ連軍の兵士達が、ハンガリー市民に対して各地で略奪や暴行など非道な行為を重ねたことは、ハンガリー人の記憶に深く刻み込まれている。そして大戦後、ソ連の後押しで成立した社会主義体制に対して民衆が異議を唱え変革を目指して立ち上がった 1956 年の事件（「ハンガリー事件」）では、ソ連が戦車を送り込んでこれを徹底弾圧し、流血の惨事を引き起こしたことも、ハンガリー人の記憶に新しい。これらの歴史的経験から形成され歴史記憶として定着したロシア観が、ハンガリー人の民族意識の底に横たわり、その意識と連動して共産主義に対する嫌悪感が国民感情の中で再生産され続けた。

3　体制の変動と進化

　民衆から正当性を認められないロシア版の社会主義体制に対して、中欧諸国では自国版の体制を打ちたてようという試みがあった。1956 年のポーランドとハンガリー、68 年のチェコスロヴァキアでの試みがそれである。しかし、それらはソ連の直接あるいは間接の干渉によって修正され（ポーランド）、あるいは潰された（ハンガリー、チェコスロヴァキア）。それでも体制内の改革は各国でそれなりに進みだした。改革なしには支配の正当性が維持できないという認識が、共産党の中で大きな潮流をなして形成されてきたからである。

A　ハンガリーの改革
　その改革がもっとも顕著に進められたのは、かつて 1956

年事件の挫折を経験したハンガリーであった。

　この事件の挫折を経て、ソ連ブロック内にいる限り政治体制の変革は望みえないと悟ったハンガリーの指導部は、政治には手を着けずに経済に特化した改革に着手した。1968年のことである。ちょうどこの年には隣国チェコスロヴァキアで政治をも含む体制全体の改革を目指す運動が展開し、共産党自身が自己変革を図りだした。これに対してソ連はワルシャワ条約軍を動員し、武力による威喝でこれを潰した。ハンガリーもこの動員に応じてチェコスロヴァキアに派兵した。こうして対外的にはソ連に追従したハンガリーは、国内では経済改革に着手し、社会主義圏における経済改革のさきがけをなしたのだ。それは社会主義経済の中に市場メカニズムを取り入れるという政策であった。その政策の骨子は、重工業、運輸通信、銀行など重要産業は従来通り国家計画の枠で管理運営していくが、軽工業などの価格設定には幅を持たせ、小さな日常必需品の価格は自由化することによって、需給関係に柔軟性を持たせて経済を活性化しようとするものであった。この流れは70年代に引き継がれ、80年代にはさらに大きく展開され、ハンガリー経済は一方では対外借款で苦しむ中で、他方では豊かな消費生活をもたらし、社会主義国に多く見られた買い物客の行列は姿を消し、豊富な物品が店頭を飾るようになった。

　共産党はこの改革の成果に大いに自信を持った。1980年代中葉には企業活動は国家の指令から解放され、企業独自で決定し実行できるようになった。そしてその企業の意思決定機関には、従業員代表も加わるようになった。これによって

企業も従業員も益々インセンチブが高まり、生産性と経済効率が上がるものと期待された。

　私は、その改革が新段階に差しかかった1984年9月に、共産党改革派の頭領、ポジュガイ氏と会う機会を得た。その時、私は彼に、「ハンガリーの経済改革は順調に進み、かなりの成果を上げたとみられますが、これからの改革の方向と展望をどのように考えておられるでしょうか」と尋ねた。

　彼からは、私にとって意外な答が返ってきた。「おっしゃるように我々は経済改革ではかなりの成功を収めてきました。この成功をさらに推し進め一層の成果を上げていくためには、経済面だけでなく政治面での改革が必要です。つまり民主化です。政治の枠組を改革し国民参加を進めることが、いま喫緊の課題となっています。それなくして経済のさらなる発展は望めません」と。

　これを聞いて私は「政治の枠に手をつけると、またソ連に干渉され押し潰される心配はないですか」という懸念を述べたら、「いや、そんなことはありません。ソ連自身、政治改革の必要性を認めだし、ゴルバチョフがペレストロイカとグラスノスチに着手しています。ハンガリー国内では旧守的な親ソ派も党内で少数化して鳴りを潜めています。今は我々としても政治改革のチャンスです」と、彼は念を押した。

　実際、その翌年の1985年からは地方自治の拡大、結社の自由、国政選挙の複数候補者制、さらには共産党以外の自立的な政党の結成などが次第に実現されていった。共産党はこうして政治改革を実施し、政治と社会の民主化に乗り出した。社会主義体制は経済面でも政治面でも新しい進化の段階

に入ったかに見えた。ところが1990年に行われた国政選挙で共産党は敗北してしまい、政権の座を失った。その前年の1989年に政府はオーストリアとの国境を開いて自由な往来を可能としたが、それが東西間の「鉄のカーテン」を下ろすきっかけとなり、中欧・東欧における社会主義体制の全面崩壊の一因となった。

B　ポーランドの転変

　ハンガリーで1956年秋の事件が徹底弾圧の憂き目にあったのに対して、同じ年の春にポーランドで起こった労働者の抗議行動は、政府と党内にリーダーシップの交代をもたらし、体制内改革に導いた。それによって国家計画経済の仕組がやや柔軟化し、企業の自主権が増し、企業経営の中に労働者自主管理制度が導入された。国民の生活条件も改善された。学問、文化の自由化も進み、哲学、社会学、経済学などソ連・東欧圏の中では群を抜く業績が生み出され、一級レベルの映画、芸術活動も開花した。60年代には保守化の揺り戻しがあったが、70年に経済と財政の不振から政府が物価値上げを図るとまた労働者は抗議行動でこれに応え、その圧力下で共産党内のリーダーシップが交代した。新しい指導部の下で政府は西側から借款を受けて新技術、新商品を積極的に導入した。街には自由で明るい雰囲気が漲った。72年の夏に私がワルシャワの喫茶店で目にしたのは、どのテーブルでも客は皆、コーヒーや紅茶ではなく、コーラを飲んでいる光景であった。人々は西欧風の大衆文化に憧れ、それのささやかな模倣を試みだしていた。コーラがそれを象徴していた。

しかし、この新指導部の経済政策は思うに任せず、政府は1976年にまた物価値上げを図った。これに対して労働者はまた反乱を起こした。この反乱に対して政府は容赦ない弾圧に出て、活動家達を逮捕した。ポーランドでは伝統的にインテリと労働者の間に文化的・社会的な深い溝があり（この点はチェコやスロヴァキアと違うところ）、労働者の行動に対してインテリは距離を置き、インテリの主張には労働者は関心を示さなかったが、76年事件の時は両者間に連携が生まれた。党の監視と政府の弾圧にもかかわらず、70年代後半のポーランドではほぼ公然と毛沢東やトロッキーの文献が出回り、その読書会などが行われ、地下出版物には発行所の名前や所在地まで記されていた。政治的には抑圧体制が布かれていたが、社会的には思想も行動もかなり自由になっていた。
　労働者の3度にわたる抗議行動の経験の蓄積、その中で育ってきた活動家の層の厚み、そして一定程度自由化していた市民の思想と行動、これらがあいまって1980年の労働者ストの広がりと自主労組「連帯」の結成が実現した。ここに共産党と「連帯」との対抗関係の中での二重権力が成り立った。この当時、社会には解放感が漲り、あらゆる市民的自由が開花した新時代の到来が期待された。ところがこの間、経済は停滞し混乱して、先の見通しがつかなくなり、生活条件は急速に悪化していった。また、共産党支配の崩壊を警戒するソ連からの圧力も、見え隠れしだした。こうした国内の混乱の収拾とソ連からの干渉の回避を図って、政府は81年暮れに戒厳令を発して「連帯」を非合法化した。
　政府はその後直ちに経済改革に取り掛かり、企業の自立

性の拡大と従業員経営参加の再制度化を打ち出して、経済の活性化と経営民主主義の実施を図った。しかし、圧倒的多数の労働者は「連帯」を支持しつづけ、地下で「連帯」活動を継続する者も少なくなかった。社会でも職場でも、緊張関係と葛藤状況が漲った。経済も低迷したままで、私が1984年初夏にワルシャワ市内のスーパーの食品売り場を覗いた時に目にしたのは、バターの小さな塊1個だけであった。旧知の社会学者から招かれた昼食のテーブルに出てきたのは、太目のソーセージ1本だけであった。市民の生活は全般的にひどく悪化していた。隣国チェコスロヴァキアではそれなりに豊かな生活が営まれていたのとは、対照的であった。その頃こんな小噺が出回った。両国の国境に跨るクルコノッシェ山地に、ポーランド側から痩せた犬が、チェコ側からは太った犬が、それぞれハアハア息をきらしながら登ってきて、頂上でばったり出会った。チェコの犬がポーランドの犬に向かって羨ましそうに「君達はいいなあ、自分達の意見を大声で好きなだけ叫べて」と言ったところ、ポーランドの犬が言うことには、「だけど俺達は腹ペコペコで、もう声も出ないよ。いいなあ君らは。腹一杯食えて、幸せ者だよ」。

　ハンガリーで体制内改革が共産党の主導で成功裏に進められていた時、ポーランドでは共産党と「連帯」との拮抗関係の中で体制が揺らいでいった。その状況の中で党と政府は経済改革と従業員参加による社会主義体制の新たな進化を図ったが、その正当性は民衆に受け入れられなかった。そしてやがて1989年に「連帯」が合法化されて民意を問う最初の自由な国政選挙が行われ、「連帯」の圧勝の下に共産党支配と

社会主義体制は崩壊した。

C　チェコスロヴァキアの急転

　チェコスロヴァキアの 1980 年代は、ある程度の高さの生活水準が保たれ、食糧には贅沢を言わなければ不自由なく、政治に関わりさえしなければ誰もが結構のんびりした暮らしを享受できていた。1968 年「プラハの春」を挫折させた党保守派とその政府は、「正常化」の名の下に体制の安定化と福祉向上に力を入れた。しかしそれは、民衆の腹に燻ぶっていた「プラハの春」の挫折感と、それを挫折させた党保守派とソ連に対する怨恨を、拭い去ることはできなかった。そのため、「正常化」を遂行した党と政府は、民衆から正当性を認められなかった。少なからぬ一般党員ですらそうだった。チェコを代表する社会学者パヴェル・マホニン氏は、68 年の改革のリーダー格だった廉で大学を追われ、一介の労働者としてその後の生活を営む傍ら、かつて手がけた研究を自宅で秘密裏に続けていたが、資料の提供などその研究を密かに助けていたのは、大学に残りえた党員の若手同僚であった。

　80 年代にハンガリーとポーランドが大きな変動の中にあった間、チェコスロヴァキアでは静かな日々が続いていた。一見、人々は私的な生活の中にどっぷり浸かって現状に満足しているかのようであった。その頃こんな小噺が流行った。題して「社会主義の 7 不思議」。

　①資本主義の世界では人々が不況と失業に悩んでいるのに、社会主義国では皆が仕事を保障されている。

　②皆に仕事が保障されているはずなのに、職場を覗くと働

いている人の姿が見えない。

　③働いている人が職場にいないのに、政府は一生懸命、計画作りと生産ノルマの割当てを決めている。

　④そしてその計画とノルマが、どういうわけか、見事に達成されている。

　⑤計画と生産ノルマが達成されているはずなのに、街の商店には品物が出回っていない。

　⑥商店には品物が出回っていないのに、人々の家の中にはいろいろな物が揃っている。

　⑦家にいろいろな物が揃っているのに、人々はいつも不平不満を口にしている。

　人々にはなにかいつも欠乏感が付きまとっていた。それは、自分達に与えられているものは西側の物品に比べてせいぜい二級品か三級品だという感覚と、そこから派生する物質的な欠乏感もさることながら、より基本的には、戦前の「よき共和国時代」の記憶、68年の改革運動「プラハの春」の挫折による「自由」への満たされざる希求からくる、精神的な欠乏感に由来していたと言ってよい。

　しかし、そのような欠乏感は安定した日常生活によって代償されていたようだ。職場では適当に働き、金曜の昼過ぎには早々と仕事を切り上げ、田舎のセカンド・ハウスに行ってのんびり週末を楽しみ、月曜の朝そこを発って職場に向かう。遅刻しても文句を言われない。そんな日々が流れていた。中欧・東欧で社会主義体制が崩壊の兆しを見せていた1989年の9月、私は、プラハで旧知の老エンジニアとお茶を飲みながら、「ハンガリーでもポーランドでも東ドイツでも、体制

が大きく揺るぎだしているけど、チェコではどうなるのかなあ」とつぶやいたところ、彼は、チェコでは人々が日常の私生活にどっぷり漬かっていて、自ら動き出すことはないだろうと、つぶやき返した。

　ところがそれから2カ月経って、プラハで寮の停電をめぐって学生の当局に対する抗議行動が起こり、多数の市民がそれを支持して街頭に繰り出した。これがあっという間に体制変革へのエネルギーを結晶させ、共産党支配を終わらせ、無血革命を実現させた。この体制転換を準備し実現したのは、ポーランドにおける「連帯」のような労働者組織ではなく、ハンガリーにおける党の改革派のようなエリート集団でもなく、まさに個の集合体としての市民であり、その心底には歴史記憶と現実経験に根ざした、共産党支配と社会主義体制の正当性を拒否する強い思いがあった。

4　体制移行の過程

　歴史上の主だった革命の過程をみると、旧体制が崩壊し新体制が築かれるまでの間に、新旧勢力の熾烈な闘争、それを収拾させるための独裁権力の出現と、時には血を見る弾圧や粛清が付き物であった。イギリス革命におけるクロムウエルの独裁、フランス革命時のジャコバン党独裁、ロシア革命後の共産党独裁、等々である。

　ところが、中欧の体制転換はそのような過程を経ず、事態は平和裏に進んだ。体制転換に伴ってコメコン（社会主義諸国間の経済協力機構）依存の経済構造が崩壊して生産活動が

極度に落ち込み、完全雇用が崩れて大量の失業が発生し、実質賃金は顕著に低下し、企業内の福利厚生は縮小され、人々の生活条件は著しく悪化した。それにもかかわらず体制の根幹に関わる敵対的な政治抗争は起こらず、目立った社会紛争も発生せずに、体制は旧から新へと移行した。社会主義崩壊後の数年間、チェコやスロヴァキアではストライキは1件も起こらなかった。ハンガリーでは年間せいぜい10数件のストが記録されただけだった。旧体制の最後の10年近く、党・政府と自主労組「連帯」との間の熾烈な抗争が続いたポーランドでは、転換期において「連帯」系労組によるストが頻発したが、これを弾圧する権力装置は既になく、新体制を揺るがす抗争に到ることもなく、90年代中葉になると争議も減ってきた。中欧の体制転換は、深刻な「革命のコスト」を払わずに推移しえた。

　なぜそれが可能だったのか。

　ソ連でペレストロイカが始まった1980年代中葉には、既に、中欧諸国の権力エリート自身が旧体制の正当性を確信できなくなっていた。彼らは旧体制に利益づけられてはいたものの、それを死守するだけの執着心と団結力を欠き、反革命を用意する意志さえ持たなかった。彼らにできたことは、移行期の民営化のどさくさにまぎれて国有財産をうまく流用して、新体制下で企業の所有者になり、経営者としての地位を獲得することであった。つまり、彼らは新体制に抵抗するのではなく、新体制にうまく適応しながら既得利益を守り増やす道を選んだのだ。政治面では、民主化の中で彼らはもはや旧守勢力としての力がなく、無力化していった。

社会主義体制崩壊後に立ち現れた新エリート達が新体制を樹立していこうとした時、理論的・政策的な規範として提起されたのは、「競争」と「淘汰」の論理を根底に据えた新自由主義の経済モデルであった。しかし、このモデルは経済合理主義志向の新エリートの拠り所とはなったものの、広く人々の正当性を獲得しえなかった。それは人々にとって、生活の安定を切り崩し、勝者と敗者、富裕者と貧困者の格差を決定づけ、社会を劣化させるものに他ならなかった。このような社会は人々の基本的価値観にそぐわないものであった。例えば私達が2001年にスロヴァキアで行った全国意識調査では、価値序列の中で最上位に置かれたのは「愛」「労働」「道徳」などであって、「金銭」「富」「権力」は下位に位置づけられていた（石川 2006：91）。

　こうした民衆意識を背景として新体制下の社会統合の軸として作動しだしたのは、むしろ「競争」と「淘汰」からは一線を画した、「合意」と「調整」のメカニズムであった。

　ナショナル・レベルでの動きを見ると、政治の中では諸政党が政争を繰り広げているのを尻目に、社会の中では政労使3者協議のメカニズムが作動し、雇用と労働、生活と福祉、さらには経済政策の枠組までがここで練り上げられ、実現していった。つまり社会が自己を組織化していったのだ。これがまず実質的展開を見せたのはチェコスロヴァキア（石川編 2004）とハンガリーであったが、やや時間を置いてポーランドでも紆余曲折を経ながらこの仕組が導入された。

　企業レベルでは、企業内労使関係が転換期の雇用調整や賃金問題の処理を円滑に進める役割を果たした。社会主義体

制下の労働組合は、中欧でも東欧でもソ連でも、企業を単位として組織されていた。体制が変わった後、それは西欧風の産業別組織に移行するのではなく、新リーダーシップの下でも企業単位の組織形態を維持し、団体交渉も労働協約の締結も、基本的には企業ベースで行われつづけた。やがて産業別労働組合組織が打ち立てられたが、実質的な交渉や協議は企業レベルの単位労組が担っていた。一方、経営者の多くは長期勤続の生え抜き従業員あがりであって、従業員に対しては温情主義的であり、労働組合に対しても物分りが良かった。社会主義体制下では企業レベルの労使のリーダーは同じ穴の狢同士として、外部の上級機関に対して共通の利害関係の上に立っていた。この関係文化が体制転換過程にも活かされた。企業の民営化と合理化にあたって組織改革や雇用削減を経営が提起した時、労働組合は従業員に最も傷がつかない措置を経営側に提起し、経営側はそれを尊重した。これはチェコスロヴァキアでもハンガリーでも同様であった。「連帯」と「官製労組」が厳しく対立していたポーランドでも、企業内を覗くと両者は平和的に共存し、時には協力し合って団体交渉に臨み、経営は両者対等に対応していた（石川 2009）。

　新体制は旧体制の遺物を直ちに一掃するのではなく、旧体制下で定着し作動していたメカニズムに依りながら、あまり「革命のコスト」をかけずに移行を進めていったと言える。社会保障についても同様である。社会主義体制が整えていた年金制度や医療保障制度を引き継ぎ、完全雇用解体後には失業保険制度と再訓練制度を整えて失業問題に対処した。つまり、中欧の新体制は英米流の自由主義的アプローチを採ら

ず、欧州大陸的な社会民主主義的アプローチを採ることによって、体制転換から派生する社会問題を吸収していった（この点については（平野：2004）に詳しい）。

5　その後の展開

　体制転換から数年が経った頃、経済発展が軌道に乗り出し、人々の労働と生活も安定しだして、新体制は自律的に展開するようになった。外資の導入と多国籍企業の活動も活発になってきた。その過程で、旧体制から引き継いで新体制への移行に寄与したメカニズムも自ずと変化して、新体制に適応し、或いは衰退して行った。政労使3者協議制も、企業内の労使関係と労働組合も、社会保障・社会保険制度もそうである。その一方で、グローバル化と経済不況への対応から新自由主義への傾斜が顕著になってきた今では、若い世代は自分の国を「脱社会主義」国と呼ばれるのを嫌がるようになっている。彼らにとっては、社会主義はもう遠い昔の話になってきている。年配の世代の人々にとっても同様である。彼らはいずれも、今の体制はいろいろ問題を孕んでいるにせよ、基本的には自分達が選択したものだと思っている。その意味で現体制は、その時々の政権やリーダーを支持するかしないかということはあっても、基本的には民衆がそれに正当性を与えて成り立っていると見ていい。

　しかしこの間、中欧の経済と社会は変容した。私達が1990年代中葉に民営化後の企業経営と労働の調査を行ったスロヴァキアのプレショウ市では、2011年にまた訪れた時

にはもう、かつて調査対象とした企業はおろか民有化された旧国有企業もすべて姿を消していた。それに代わっていま活動しているのは、主として外資が入った新規企業である。住宅地付近には大型の外資系スーパーマーケットが続々と進出し、街中の地元小売店は存廃を繰り返している。呑兵衛が多いスロヴァキアの首都ブラチスラヴァの下町では、安くワインが飲める庶民的な伝統的酒場は１軒か２軒を数えるくらいになった。地域の地場産業が振るわず、地方から大都市への若年層の流出が顕著に進んでいる。少し離れた村では、住民が減少し、小売店舗も閉ざされ、高齢者が取り残されている。貧富の格差は改善されず、地域間における所得や雇用機会の格差も大きい。

　体制転換後もそのまま、あるいは多少形を変えて存続し、人々の生活の底を支えていた社会保障も、次第に市場ベースの保険制度に切り替えられてきた。公的年金制度は持続しているが、年金受給資格発生の年齢が引き上げられた。医療についてもサービスや薬品の選択制が導入され、最低限は無料で保障されているものの、少しでも良いサービスや薬品を選ぼうとすると金がかかるようになった。医師の給料は全国雇用者平均賃金の水準をほんの僅か上回る程度で、より待遇の良い西欧諸国への医師や看護師の流出が進んでいる。学校向けの教育予算も節減され、教員の給料は低いままに据え置かれており、その一方で進学率の上昇に伴って金のかかる私立学校が増えた。政府は一方で財政難を抱え、福祉や教育文化への支出を躊躇し、他方では税収の低迷に当面している。

　こうして現在の中欧社会の諸現象を挙げてみると、それ

がどこか現在の日本の問題と重なって見えてくる。社会主義体制を経験した中欧の国々には、資本主義を超えた何かあるオールタナチブな社会モデルを生み出していくかもしれないという期待を、かつて筆者は密かに抱いていたが、そのような期待に応えてくれる現実の展開は、少なくとも今の段階では不透明である。

第3章　移行期ロシアの労働生活
——中欧との比較も含め

1　課題と方法

　前章の冒頭部分で、筆者が1990年代中葉にロシアのヴォロネジの機械工場で現業労働者から聴き取った話、つまり彼ら労働者にとって最良の時代はペレストロイカ以前の社会主義期、ブレジネフの時代だったという話を紹介した。

　この話を聞いた時点の体制移行期ロシアでは、現業労働者の労働生活はどんな状況の中にあったのか。社会主義体制崩壊後の旧ソ連・中欧・東欧諸国で目指されたのは経済の市場化、政治の民主化、文化の自由化であった。この過程で企業は民有化され、労働組合は自由な結社となった。ではその下で労働世界にはどんな変化が進展したか。

　これに関して大津定美はロシアに即して、（1）インフレの昂進と労働大衆の実質生活水準の低下、（2）「完全雇用」の崩壊と大量失業の不安、（3）官製労組に代わる独立労組、の3点をあげている（大津 1994：152）。この章では、そのうち特に（1）と（2）に焦点を置き、移行期ロシアの労働者がどんな労働生活の中に身を置き、何に満足し何に不満を持っていたかを、労働者意識調査の諸結果を分析しながら追究してみる。なお（3）については別稿（石川 2005、2009）で

その一部を扱っている。

　本章の目的は、我々が 1995 年 – 96 年にニージニイ・ノヴ
ゴロド、モスクワ、ヴォロネジ、ハバロフスクの 4 都市に立
地する機械製造企業で行った従業員意識調査の結果から、当
時のロシアにおける労働世界の状況を描き出すことにある。
この調査で用いたアンケート票とその調査結果の企業別単
純集計表は別途発表してある（北海道大学スラブ研究センター
1997 を参照）。調査対象は各都市 1 工場で、調査対象者は企
業長を除く全従業員から各社 300 人を無作為に抽出すること
としたが、結果的に回収された有効回答票はニージニイ・ノ
ヴゴロド（以下 A 社と呼ぶ）で 307、モスクワ（B 社）とヴォ
ロネジ（C 社）で各 301、ハバロフスク（D 社）で 274、合計
で 1,183 であった。

　本章ではロシアを他の脱社会主義諸国と比較するために、
中欧 4 カ国（チェコ、スロヴァキア、ポーランド、ハンガリー）
の電機製造企業で行われた従業員意識調査の結果も用いる。
これは電機連合国際共同意識調査チームが 1994 年 – 95 年に
14 カ国で実施したもので、ロシア調査で用いた調査票には
この国際共同調査で使った質問事項がかなり多く含まれてお
り、ロシアをめぐる国際比較がこれによって可能である。ポー
ランドでは 3 社、他の中欧諸国では各国 2 社が対象とされ
た（詳しくは電機連合 1996：石川・白石編 2005 を参照）。

　ロシア調査における回答者の職務階層別構成は、現業労働
者 49％、事務系職員 13％、技手（テクニシャン）4 ％、技師
（エンジニア）22％、監督者 8 ％、管理者 3 ％、その他 1 ％と
なっている。これらのうち本章で観察と分析の対象とするの

は現業労働者である。社会主義は労働者階級の国家と社会を標榜し、その労働者階級の中核とされたのが鉱工業部門の現業労働者層であった。社会主義社会の主人公とされたこの層は、社会主義体制崩壊後の労働現場でどんな状況に置かれたのか。それをこの層の意識状況を通して探ってみることが、この章の課題である。

　以下の節では、まず前段として、調査対象企業で行った一般従業員、管理者、組合幹部との面接聴取から得られた、労働生活の状態を示す客観的事実を記述する。次いで労働生活の諸側面に関する現業労働者の満足／不満の状況を観察するとともに、労働生活における問題状況を、経済的次元（生活における困窮状況）と社会的次元（職場における孤立状況）の２側面から分析する。そしてこれらの分析作業を踏まえて、転換期ロシアの現業労働者が置かれた問題状況を診断してみる。

２　調査対象企業と労働者

A　対象企業の特徴

　まず観察対象の現業労働者が働く４企業の特徴に触れておく。いずれの企業も調査時点では既に民有化されていた。

　ニージニイ・ノヴゴロドに立地するＡ社はロシア革命前に既に設立されていた名門企業で、社会主義時代にはエンジンの製造を行っていた。調査時点での主製品は産業用コンプレッサーとジーゼル機器であった。従業員数は1990年時点で5,700人だったのが1995年時点では3,800人に減っていたが、

解雇による雇用調整は行われていなかった。調査時点における経営状況はジーゼルの売上げの伸びをベースに安定化の様相を呈していた。企業長はこの企業の内部出身者である。

モスクワに立地するB社も主製品がコンプレッサーであるが、その経営状況は好ましくなく、売上は低迷し、従業員数は1992年時点で2,000人いたのが1995年時点では1,500人に減っていた。ここの企業長も内部出身者である。

ヴォロネジのC社は経営状況が調査対象4企業の中で最も悪化していて、賃金の未払いが続き、職場で山猫ストも発生した。従業員はこの間に減少し、1992年時点で2,000人だったのが1995年時点には1,400人になり、更にその翌年初めには1,270人に減っていた。企業長はやはり内部出身者である。

ハバロフスクのD社はタービンとコンプレッサーのメーカーで、外部から来た投資家が企業長となり、就任後ドラスティックな組織改革に着手し、従来の企業体を分解して11の部門を有限会社として独立させた。この間に従業員は大きく減り、かつて4,800人いたのが1996年2月には1,500人となった。

これら4企業は1990年–1995年の6年間に大幅な雇用削減を行ったことでは共通しているが、企業業績はまちまちであった。相対的に良好なのはA社、その逆がC社で、その中間にB社が位置する。4社のうち3社では企業長が内部出身者で、所有は替わったとはいえ組織や管理に大きな変更はなされなかった。これに対してD社では、外部からきた新しい企業長の下で大掛かりな合理化が行われた。

B　調査対象労働者の個人属性

　ここで観察と分析の直接の対象となる労働者の属性について述べておきたい。

　性別は男性75%、女性22%で男性が多く、全サンプルの4分の3を占める。無回答は3%である。調査対象となった企業における工場内の現場作業を主として担っていたのは男性であった。

　年齢構成を10歳きざみでみると、30歳未満7%、30歳台22%、40歳台35%、50歳台27%、60歳以上6%、無回答3%で、若年層は少なく、中年層が多い。

　学歴構成は義務教育のみ10%、下級中等教育54%、上級中等教育29%、高等教育5%、無回答2%で、義務教育だけしか受けていない者はわずか1割だけで、大抵の者はそれ以上の学歴の持ち主だった。また、就職後自社の教育訓練を受けたことがある者が46%、ない者は51%。無回答が3%で、約半数は企業が提供する教育訓練を経て技能資格を高めていた。

　勤続年数をみると、1年以下10%、2－3年16%、4－6年28%、7－9年22%、10年以上22%、無回答2%である。毎年離職者と採用者が共に多いという事実があり、労働力の新陳代謝がかなり行われたが、その一方で長期勤続者も多く、10年以上の勤続者は全体の2割、これに7－9年勤続の者を加えると、その比率は5割に近い。これに対して勤続1年以下の者は1割しかおらず、3年以下の者を合計しても、全体の4分の1程度である。新陳代謝は主として短期勤続者の中で行われたと見られる。従業員全体の中では古参労働者が

少なくなかった。

3　労働生活と社会観

A　労働生活の概要

次に、労働者の回答分布から、その労働生活の客観的状況を窺ってみる。

労働時間に関しては、所定の就業時間をフルに働いている者は63％、部分的にしか働いていない者は30％、臨時に働いている者は1％、無回答は6％で、正規に雇用されていながら仕事がないため、フルに就業してはいない労働者が3割もいた。これは企業の業績不振により工場内で仕事がなかったことの結果である。

賃金の高さからみた回答者の分布は、2,000ルーブル未満16％、2,000 - 2,999ルーブル17％、3,000 - 4,999ルーブル20％、5,000 - 6,999ルーブル17％、7,000ルーブル以上16％、無回答14％で、月給3,000ルーブル以下の者が3分の1もおり、これに3,000 - 4,999ルーブルのグループを加えて月給5,000ルーブル未満の労働者の数をみると、全体の過半数になる。調査対象企業のうち、ハバロフスクに立地するD社の場合、平均賃金は6,000ルーブルで、この地区の産業全体の平均賃金の10,000ルーブルに比べるとかなり低い。調査対象企業中、業績が最もよいA社（ニージニイ・ノヴゴロドに立地）では従業員の平均賃金はD社よりさらに低く、5,000ルーブルにしかならず、そのうち現業労働者のそれは6,000ルーブルだったが、技手のそれは3,000 - 3,500ルーブル、技師の

それは 4,200 − 4,300 ルーブルで、現業労働者より低かった。企業によっては、仕事がないために賃金をもらっていない労働者も少なくなかった。調査対象企業の中で業績が最も悪かった C 社の基幹職場では、現業労働者の平均賃金は 3,000 ルーブルにプラス・マイナス約 200 ルーブルで、しかも賃金の未払いが続き、我々が踏査に入った 1996 年 2 月にはやっと前年の 9 月分が支給された。大掛かりな組織改革とリストラを敢行した D 社では賃金制度も業績主義的に再編成され、以前は 8 対 2 の割合だった固定給と業績手当の関係を 4 対 6 に変え、管理職による査定が賃金額に大きく影響するようにした。

　賃金の低さ、さらにはそれの未払い状況が続く中で、労働者が生活していく手段の 1 つは会社以外での副収入だが、これを「いつもしている」という者は 2％、「時々している」は 11％、「たまにしている」は 13％、「していない」は 65％、無回答は 9％で、何らかの形で勤務先の企業以外から副収入を得ている労働者が 4 分の 1 を占めた。

　従業員の持株はかなりあり、自社株を保有している者が 77％、していない者が 22％、無回答 1％で、多数の労働者が自社株の所有者であった。D 社では 1991 年に株式会社化した際に資本の 10％を当社が、90％を省が所有したが、その後自社の持株を増やし、1993 年 12 月に 100％当社の掌中に収めた。そのうちの 3 割を社外に売却したが、残りの 7 割は従業員に無償で配った。A 社の 1995 年時点における資本構成をみると、64％が従業員の所有になっていて、従業員にはこの他に株主総会での議決を要しない株が無料で配られてい

た。

　労働者の中に自社株の所有者が多いとはいえ、自社の将来
見通しに関しては彼らの多くはむしろ悲観的だった。自社の
将来性を「よくなる」と楽観視している者は19％しかいな
かった。これに対して「もっと悪化する」と悲観視している
者は38％を占め、今と変わらない状態が続くと見ている者
は40％であった（無回答は3％）。労働者が抱いている企業
の将来像は概して暗かった。

　しかし、自分の職業見通しについて問うと、「今の仕事に
留まりたい」が68％、「責任ややりがいある仕事に就きたい」
が12％、「監督職や管理職に就きたい」が4％で、約85％は
現在の職場で職業活動を続けたいと答えた。これに対して「自
分の事業を始めたい」は6％、「もう働きたくない」は4％
だった。残りの6％は「その他」と無回答であった。大多数
の労働者は自社の将来性に明るさを持ち得ないまま、現在の
職場に留まることを願い、自ら事業を起そうという者はごく
僅かだった。

　労働生活一般の満足度を聴くと、「大いに満足」6％、「や
や満足」12％で、両者を合わせても18％で2割に満たなか
った。これに対して「大いに不満」21％、「やや不満」25％で、
両者の和は46％に上った。「どちらでもない」は36％だった。
当時の職場での生活に多くの労働者は満足していなかった。

　以上の観察結果から、企業の将来に不安を抱き、しかも現
実の労働生活に不満を持ちながらも、そこでの勤続を願い続
ける、移行期ロシアにおける現業労働者の姿が浮かび上がっ
てくる。

なお、労働組合は調査対象の企業のいずれにもあり、回答者中の組合員は80％、非組合員は17％、無回答3％で、大多数の労働者は組合員であり続けていた。そして経営者は調査時点では旧体制時代と同様に、労働組合に事務所の無償貸与、組合費の天引き等で便宜を提供し続けていた。

B　社会的価値志向と自国社会イメージ

　社会的価値志向を見るために「どのような社会が望ましいか」という問いを立て、これに対する回答選択肢を8つ設けて、そのうち2つを選んで答えるという形式で回答を求めたところ、「物質的に豊かな生活ができる社会」70％、「皆が協力しあえるような社会」9％、「しきたりを大切にしそれに従う社会」9％、「平等な関係をより進めていく社会」17％、「人生のチャンスを切開いていける社会」11％、「犯罪の少ない秩序ある社会」23％「安らかな気持ちで生活できる社会」36％、「働いた成果が自分のものになる社会」17％という回答分布が得られた。労働者の社会的価値志向として「物質的豊かさ」が最も大きかった。

　8つの選択肢の中で「物質的豊かさ」が最も多くの回答を得ているという点は、脱社会主義下の中欧諸国でも同様で、その比率はチェコで66％、スロヴァキアで42％、ハンガリーで83％、ポーランドで73％であった。したがって特にロシアだけでこれが顕著だったというわけではない。因みに、西欧・北欧・日本で回答が多かったのは「安らかな気持ちで生活できる社会」であり、ロシアや中欧諸国での回答分布とは対照的であった（これらの数値は電機連合（1996）の原デー

タから現業労働者の分を再集計したもので、以下の数値も同様）。

　他方、「協力」と「平等」という社会主義的価値項目の比率を合わせると、チェコ13%、スロヴァキア24%、ハンガリー20%、ポーランド14%に対して、ロシアは26%で最も多かった。社会主義的価値志向は中欧諸国の労働者に比べてロシアの労働者の中により大きく残っていたとみられる（電機連合1996の再集計）。

　脱社会主義過程は社会的格差を拡大させ、人々の間に不平等感を増大させたと見られるが（次章参照）、ロシアの労働者に自国の社会的格差の現状を問うと、「非常に大きい」52%、「大きい」29%、「ある程度ある」11%，「小さい」3%、「まったくない」4%、無回答1%という回答分布が得られ、過半数が今のロシア社会に非常に大きな社会的格差があると答えた。因みに中欧諸国で「非常に大きい」という回答比率は、チェコ45%、スロヴァキア41%、ハンガリー42%、ポーランド56%であった。しかしロシアでも中欧諸国でも、「平等な関係をより進めていく社会」を望ましいと答える労働者は意外と少なく、ロシアでは前に触れたように17%、一方チェコでは10%、スロヴァキアでは18%、ハンガリーでは16%、ポーランドでは5%に過ぎなかった。ここに挙げたいずれの国でも、多数の労働者は、社会的格差が大きくなったことを認知しながらも、それの是正と平等化よりもむしろ一般に「物質的な豊かさ」を備えた社会を求めていた。

4 労働生活における不満とその解決経路

A 不満の所在

では移行期ロシアの労働者達はその労働生活にどの程度満足していたか。

「あなたは今の労働生活にどの程度満足していますか」という問いかけに対する回答分布は、前にも述べたように、「大いに満足」と「だいたい満足」とを合わせた比率が僅か18％であるのに対して、「あまり満足でない」と「まったく不満だ」を合わせた比率はそれを大きく上回り、46％となった（残りの回答は「どちらともいえない」で36％）。

この回答分布を「大いに満足している」5点、「まったく不満だ」1点とする5段階評価で表してみると、その加重平均値は2.56となる。これは中間値の3.00を下回っており、満足度がかなり低いことを意味する。因みにその数値は、チェコの3.00、スロヴァキアの3.28、ポーランドの2.80、ハンガリーの3.34を下回っており、ロシアの現業労働者の労働生活に対する満足度は中欧諸国のそれに比べて低かったと言える。

次に労働生活の個別的な諸項目に関する満足度を見てみる。ここで挙げる項目は、（1）賃金、（2）手当、（3）福利厚生、（4）作業環境、（5）昇進の機会、（6）経営者と従業員との信頼関係、（7）雇用の保障、（8）経営者・管理者の能力、（9）教育訓練、（10）作業料・作業負担、（11）男女平等、（12）上司との関係、（13）仕事の面白さ、（14）

労働時間、（15）同僚との関係、の15項目である。ロシアの労働者に関してこれら15項目を満足度の低い順に並べると、表1に示されるように、上記の（1）から（15）までの順になる。

表1 労働生活の満足度

	ロシア	チェコ	スロヴァキア	ポーランド	ハンガリー
賃金	1.78	1.78	2.04	1.91	1.89
手当	2.00	—	—	—	—
福利厚生	2.27	2.52	2.61	2.62	2.13
作業環境	2.29	2.75	2.64	2.91	2.77
昇進の機会	2.31	2.39	2.51	2.18	2.39
経営者-従業員信頼関係	2.61	2.61	2.50	3.11	3.30
雇用の保障	2.77	2.54	2.15	2.47	2.96
経営者-管理者の能力	2.77	2.30	2.40	2.98	3.21
教育訓練	2.79	2.44	2.69	2.30	2.32
作業量・作業負担	2.86	3.03	3.26	3.16	3.04
男女の平等	3.04	2.86	2.96	3.03	2.81
上司との関係	3.58	3.41	3.45	3.57	3.79
仕事の面白さ	3.65	3.12	3.59	3.31	3.34
労働時間	3.89	3.45	3.79	3.62	3.51
同僚との関係	4.10	4.02	4.23	4.05	3.98

注）「大いに満足」を5点、「大いに不満」を1点とし、5段階評価の加重平均値。

　この表で見ると、不満度が最も大きかったのは賃金・手当である。賃金・手当に関しては中欧諸国でも諸項目の中で不満度が最も大きかったが、ロシアにおけるその満足度の加重平均値はチェコと同水準で、スロヴァキア、ポーランド、ハンガリーより低かった。賃金・手当に次いでロシアで不満度が高かったのは福利厚生と作業環境である。福利厚生に関し

てはロシアの労働者の満足度はハンガリーよりは高かったが
チェコ、スロヴァキア、ポーランドより低く、作業環境に関
してはロシアにおける満足度は中欧のどの国よりも低かった。

　このように、賃金・手当、福利厚生、作業環境という、労
働生活の経済的・物質的側面に関してロシアの労働者の多く
は不満を持ち、しかもその不満の度合いは同じく社会主義が
崩壊した中欧諸国の労働者よりも概して大きかった。しかし、
仕事の面白さとか労働生活の社会的・人間的側面、つまり上
役や同僚との関係については、ロシアの労働者の満足度は高
く、これらの加重平均値は3.50を上回っており、しかも中欧
諸国のそれと比べても概して高かった。それゆえロシアの労
働者の労働生活上の問題点は社会的・人間的側面や仕事内容
よりも、すぐれて経済的・物質的側面にあったと言える。また、
労働時間については満足度が高かったが、それは職場で仕事
量が少なく、実際の就業時間が短くなっていたためだろう。
なお雇用の確保に関しては、ロシアにおけるその加重平均値
は2.77で、中間値の3.00をやや下回るが、ハンガリーを除く
他の中欧諸国ではその数値がもっと低いから、特にロシアだ
けの問題ではなかったと見てよい。ロシアではチェコ、スロ
ヴァキア、ポーランドと比べて、調査時点では従業員数の自
然減は進んだものの、大量解雇などドラスティックな雇用削
減措置を採らずにまだ過剰雇用を抱えたままでいる企業が少
なくなく、調査対象企業4社の中では3社がそうであった。

　B　利害表出経路
ここで特に不満度が高い「賃金」「福利厚生」「作業環境」

と、人員削減下での「雇用確保」の４項目を取り上げ、これらの点で労働者の利害を最も代表しているのは誰かを問うてみる。その回答分布から見出せるロシアと中欧諸国の状況は次のようなものである。

　ロシアの労働者の場合、「賃金」「作業環境」「雇用確保」に関しては約70％の労働者が＜経営＞ないし＜上司＞を利害の代表者と見なしていて、＜労働組合＞や＜工場評議会＞をあげる者は合わせても数％に過ぎない。ロシアで＜労働組合＞を挙げた者の割合は中欧諸国よりも低い。社会主義時代の労働組合の主な活動分野だった「福利厚生」に関しても、今なお労働組合がそれの主な利害代表者と見ている労働者は14％しかなく、しかもその比率は中欧諸国よりも目立って低い。チェコ、スロヴァキア、ハンガリーでは労働組合が企業の民有化とリストラの過程で労働者の利害に立って一定の機能を果たした（石川 2009）が、ロシアの労働組合は必ずしもそうではなかったようだ。

　なお、自分達の利害を代表する者は＜誰もいない＞と答えた労働者は中欧諸国でも少なくなかったが、上にあげた４項目のほかに「教育訓練」「作業編成・職務設計」「残業の扱い」「生産量の変更」「新機械設備の導入」「配転・異動」の６項目を加え、幾つの項目に＜誰もいない＞と答えたかによって「孤立感」指数を構成すると、それは中欧のどの国よりもロシアが高かった。「孤立感」指数を０点から５点までの範囲で示すと、ハンガリー0.95、スロヴァキア0.97、チェコ1.42、ポーランド1.47に対して、ロシアは1.86だった。ロシアの労働者は単に労働条件に対する不満度が高かっただけでなく、

職場生活における孤立度も高く、この特徴は中欧諸国と比べても顕著であった。ロシアの労働者の大多数は上司や同僚との人間関係に満足してはいるものの、切実な労働生活の問題を解決する上で、頼れるものは誰もいないという労働者が少なくなかったのである。

また、「あなたの意思は工場の経営にどの程度反映されていると思いますか」という問に対して5段階法で回答を求めて加重平均値を算出すると、ロシアでは2.33で、中間値の3.00の水準をかなり下回った。しかもその数値は中欧のどの国の水準よりも低かった。同様に労働組合についても尋ねたところ、ロシアでは2.08で経営の場合よりも低く、またどの中欧諸国と比べても顕著に低かった。経営への意思反映ばかりでなく、組合への意思反映にも絶望している労働者が、ロシアにはかなりいたようだ。

以上の分析から、ロシアの労働者がその労働生活で最も不満を持っている賃金・手当と福利厚生の問題、つまり報酬と生活保障に関わる問題と、職場で利害表出の場を見出せないでいる状況、つまり職場における社会的孤立にかかわる問題が浮かび上がってきた。次の2つの節では「窮乏感」と「孤立感」をキイ・ワードとして、これらの問題が労働者内部のどのような層に典型的に表出していたのかを追究する。

5　窮乏感と孤立感

A　労働生活における窮乏感

賃金・手当と福利厚生、つまり報酬と生活保障に関わる不

満度を、ここでは「窮乏感」指数と名づけて測定する。具体的には、労働生活の諸項目の中から「賃金」「手当」「福利厚生」の３つを取り出して統合し、その加重平均値を５点法で表示したものをこの指数とする。窮乏感の理論的最大値を1.00、最小値を5.00、中間値を3.00とすると、ロシア現業労働者のその値は1.99で、彼らの間で窮乏感がかなりの広がりを見せていたと言える。

　では、現業労働者の中で窮乏感が大きかったのは特にどの層だったか。ここで、年齢（５歳刻み）、性別、学歴（４段階）、企業での教育訓練経験，勤続年（５段階）、持株の有無、副業の有無（４段階）、賃金の高さ（３段階）、職業生活の見通し（６項目）、自社の将来展望（３段階）、勤務先企業（４項目）の11（変数）を取りあげ、これらと「窮乏感」指数（関数）との関連を分析する。

　上記11の変数のうち「窮乏感」指数との間に相関関係が認められたのは、性別、教育訓練、職業生活の将来希望、企業の将来展望、持株の有無、勤務先企業の違いと（それぞれプラスの相関）、学歴と賃金の高さ（マイナスの相関）である。すなわち、男性より女性、学歴が低い層、教育訓練を受けていない層、低賃金の層、企業を辞めようとしている層、企業の将来性に悲観的な層、会社の株を持っていない層において、「窮乏感」との相関が見出される。また、どこの企業に勤めているかということも有意に関係している。ここから浮かんでくるのは、窮乏感を抱いている層は年齢や勤続に関係なく、低学歴で、就職後に会社で教育訓練を受けてこなかった人達で、賃金が低く、そして経営状況が好ましくない企業に身を

置き、自社の株も持たず、会社の将来を悲観視している労働者、そして女性に多い、という点である。

　しかし、さらに別な統計手法を使って探ってみると、窮乏感と関係しているのは職業生活の将来希望と企業の将来展望だけである。すなわち、性別や学歴や教育訓練や持株の有無や賃金の高さなどよりも、どこの企業に勤めているか、そして自分の職業的展望と会社の将来をどう見ているかという点が、「窮乏感」指数と密接に関連していることがわかる。

　因みに勤務先企業と、自分の職業的展望と、会社の将来展望という、3つの点に関して「窮乏感」指数との関係を探ると、次のようなことが把握できた。

　勤務先企業の違いから見ると、窮乏感が最も多く見られるのはD社で、その次はC社、最も少ないのはA社である。これは明らかに企業の経営状況と関係している。窮乏感が「大きい」ものと「やや大きい」ものとを合わせると、その回答比率はA社36%、B社53%、C社61%、D社73%となる。同様にして自分の職業展望についてその比率を見ると、「今の仕事にとどまりたい」54%、「もっと責任ある仕事ややりがいのある仕事に就きたい」63%、「監督職や管理職に就きたい」57%、「自分自身の事業を始めたい」72%、「もう働きたくない」63%で、窮乏感を強く持つ者の中に独立開業志向が高い。会社の将来展望との関係については、同様にして「窮乏感」の「大きい」と「やや大きい」の回答比率の和をみると、「向上する」では28%であるのに対して「悪化する」では77%と、明瞭な差が認められ、企業の将来性を悲観視する者に「窮乏感」が累積していると言うことができる。

因みに窮乏感と密接な関連がありそうな実際の賃金高との関連を探ると、窮乏感が「大きい」と「やや大きい」との和は低賃金グループでは62％、中間グループでは56％、高賃金グループでは54％となっており、賃金高が低い層ほど「窮乏感」は大きくなるが、しかしその差はあまり顕著ではない。

　これらの分析結果から、労働者の窮乏感は、労働者の性別や年齢や学歴や賃金高などよりも、その労働者がどんな経営状況の企業で働いているか、そして労働者が自分の企業の将来をどうみているか、という点と密接に関係していたと言える。

B　職場における孤立感

　次に、職場における社会的孤立状況を先述の「孤立感」指数で分析してみる。

　窮乏感を分析した際に用いた諸変数をここでも取り上げ、それらと「孤立感」指数との相関関係を探ると、次のような点が浮かび上る。

　即ち、労働生活において自分の利害を代表してくれる者が誰もいないという無力感に囚われている人達は、男女に関係なく存在し、またどの年齢層にも、どの学歴層にも見いだされ、勤続の長さや賃金の高さなどにも関係なく分布しているが、そのような労働者が比較的多いのは会社の株を持っている人、教育訓練を受けていない人、そして経営状況が好ましくない企業に身を置いている人の場合である。因みに「孤立感」指数（最高5.00）を従業員階層別に求めると、現業労働者1.83、事務系職員1.36、技手1.59、技師1.27、監督者

1.95、管理者 1.41 で、現業労働者と監督者で高い。生産現場の中核部分に空白状態が存在していたかのようである。

しかし、より厳しい条件を付けて探ってみると、「孤立感」指数に関係しているのは教育訓練と自社の将来展望だけで、自社株の所有状況とか副業の有無とか自分の職業展望の明暗とかは霞んでくる。性別や学歴や年齢や賃金高がどうであろうと、職場で中堅的位置にありながら企業での教育訓練を受けたことがなく、企業の将来について悲観的な見方をしている労働者の間で、孤独な状況が広がっていたようだ。

なお「孤立感」指数と「窮乏感」指数の間の関係には統計的に見てかなりの相関が見出せる。つまり、一般に窮乏感が大きい者は孤立感も大きい、という傾向が認められる。そして両者に共通している最も有意な変数は、企業の将来性に対する見通しの暗さである。

6　企業帰属意識とその関連要因

これまでの観察と分析の結果によれば、体制移行期においてロシアの労働者は中欧諸国の労働者と比較して職務満足が低く、窮乏感が高く、そして孤立感も大きかった。そうだとすれば、ロシアの労働者の企業帰属意識も当然低かっただろうと推測される。

ところが事実は必ずしもそうではなさそうだ。企業帰属意識を企業に対する貢献意思という点からみると、ロシアの労働者のそれはスロヴァキアの労働者よりは低かったが、チェコやポーランドやハンガリーの労働者よりも高かった。ロシ

アにおける回答の分布は、①「会社の発展のために自分の最善を尽くしたい」が32％、②「会社が自分に報いてくれる程度に会社に尽くしたい」が57％、③「会社に対してこれといった感じを持っていない」が8％、④「会社については全く関心がない」が3％であった。このうち①に5点、②に3点、③に2点、④に1点を与えて加重平均を算出すると、チェコ3.39、ポーランド3.36、ハンガリー3.33に対して、ロシアは3.50で中欧3カ国を上回る（なおスロヴァキアだけは3.67でロシアより高い）。他の従業員階層についてそれをみると、事務系職員3.86、技手3.81、技師3.63、監督者3.84、管理者4.16となっており、これらと比べて現業労働者の値は最も低い。しかしそれでも中間値の3.00の水準を上回っているわけだから、現業労働者でも企業貢献意思を持っている者の方が持っていない者よりも多かったと言える。

　では企業貢献意思の担い手はどのような労働者層の中にいたか。「窮乏感」指数や「孤立感」指数の分析の際に取り上げた諸項目をここでも用いて、それらと企業貢献意思の高さとの関連を探ってみると、有意な関係が見出せるのは学歴、教育訓練、職業的将来展望、持株の有無、企業の将来展望である。もう少し緩い条件でみると、性別と賃金高がこれらに加わる。これに対して年齢、勤続、企業の違い、副収入活動の有無は相関を示さない。年齢の高さや勤続の長さ、副収入活動をしているかどうか、勤務先の企業がどこかなどは、企業貢献意思の高低と無相関なのである。つまり、どんな年齢層、どんな勤続層にも企業貢献意思の持ち主は分散していると見られ、また、副収入活動をしているからそれが低いなど

とは言えない。そして、経営状況が良い企業でも悪い企業でも、それなりに企業貢献意思の持ち主が広く分布していたと言える。

　要するに、企業貢献意思の持ち主は学歴が高い層、企業の中では特に訓練を受けていない層、むしろ自社株を持っていない層、企業の将来を楽観視している層、そして社内で現職にとどまっていたいと願っている層に多く、さらにどちらかといえば男性より女性、低賃金層よりも高賃金層に多いという傾向が見てとれた。しかし、これをさらに別な統計手法を使って追究してみると、その中で特に企業貢献意思の高低を分けているのは客観的個人属性よりもむしろ、自社の将来性をどう見ているか、そして自分の職業生活を現在の企業の中で送っていこうとしているかどうか、つまり企業と自分の将来展望の如何であることが見てとれる。

　なお、企業貢献意思と「窮乏感」指数および「孤立感」指数との相関関係を検定してみると、両者が企業貢献意思の高さと相関していることが窺われるが、別な手法で確認してみると、有意な相関が認められるのは「窮乏感」指数だけである。つまり窮乏感の度合いが小さい層ほど企業貢献意思は大きいが、孤立感は企業貢献意思とあまり関係がない。また、労働生活一般に対する満足度は、企業貢献意思とは無相関である。

　要するに、調査対象企業の労働者の労働生活一般に対する不満度、特に賃金・手当、福利厚生に対する不満度が大きく、職場で孤立感を抱いている労働者も少なくないにもかかわらず、企業に対する帰属意識は決して低くない。この帰属意識は年齢や勤続と関係なく労働者の様々な層に分布しており、

労働生活一般に不満を持っている層の中にも企業帰属意識の持ち主がそれなりに多く見いだされた。一般的にいって、調査時点でのロシアの労働者は労働生活に不安と不満を抱きながら、その一方で企業に対しては帰属意識を持ち続けていたと見られる。

7　要約と総括

以上の分析結果を要約するならば、体制移行期ロシアにおける現業労働者の労働生活について、その意識調査結果の観察と分析から次のような発見を列挙できる。

同じく1990年頃に社会主義体制から脱した中欧諸国の労働者と比べて、ロシアの労働者の労働生活に対する満足度は概して低かった。職場の人間関係や仕事そのものの面白さについてはロシアの労働者の満足度は高かったのだが、仕事に対する報酬や仕事を取り巻く環境に関しては不満が大きかった。不満の種となっている問題に対する労働組合の利害代表機能は、評価が低かった。

特に不満が大きかった賃金・手当と福利厚生という項目から「窮乏感」指数を構成し、ロシアの労働者の中のどの層でそれが高いのかを分析すると、年齢、性、学歴、勤続、賃金など個人属性の違いはあまり関係なく、経営状況が悪く、或いは急激なリストラが行われた企業の労働者、そして自社の将来性を悲観視している労働者においてそれが大きかった。

窮乏感だけでなく、職場で孤立感を抱いている労働者も多かった。そのような労働者は男女を問わず、年齢や勤続の長

さや学歴や賃金の高さともあまり関係なく、自社の将来を悲観視している者、そして企業で教育訓練の経験をしていない者に多かった。

　このように窮乏感や孤立感が大きかったにもかかわらず、企業に対する帰属意識は低くなかった。中欧諸国の労働者と比べると、それはむしろ高かった。また、現在の職場で労働生活を続けたいという者も多かった。各社でかなりの雇用削減が行われたにもかかわらず、雇用の保障に対する不満は決して大きくない。企業帰属意識が高かったのは自社の将来性を楽観視している労働者、そして今の企業に留まっていたいという労働者であって、年齢や勤続の長さはこれと無関係だった。

　社会主義体制崩壊後のロシアの企業では、業績不振の中でかなりの雇用削減がなされ、賃金の遅配や欠配もあった。我々が調査対象とした機械製造企業もその例に入る。そこでは労働者達の多くが賃金や福利厚生に大きな不満を抱き、しかもその不満を表出する経路も欠いていた。そのような労働者は男女に関係なく、どの年齢層にもどの学歴層にも多数おり、勤続の長い層にも賃金が比較的高い層にも見出された。特に自社の将来を暗く見ている人達に、こうした心理状況が広がっていた。このような状況から見れば、国有企業の中で安定した雇用と生活が保障され、自分達の生活領域でそれなりの「自由」を享受できていたブレジネフ時代の社会主義体制を懐かしく回顧する現業労働者達の意識状況も、理解できてこよう。

　賃金や福利厚生に対する不満、勤務先企業の将来と自分の

仕事の確保に対する不安が広がっている中で、移行期ロシアの職場の雰囲気は概して暗く淀んでいた。同じく社会主義を脱した中欧諸国と比べて、これは特にロシアにおいて顕著であった。しかし、ロシアの労働現場で救いとなっていたのは、賃金など経済的条件には不満を抱きながらも、職場の人間関係に満足し仕事が面白いという労働者達が多数いたことである。労働生活の諸問題を解決する経路や制度が作動しなくなっていても、職場には良好な人間関係と仕事感覚が残っていたと見ていい。しかも企業に対する帰属意識も広く見られた。それは中欧諸国よりも顕著であった。ロシアの企業はインストルメンタル（道具的）な統合手段を失っても、エモーショナル（感情的）な統合メカニズムをなお保持していたと見られる。

第4章 所得格差の拡大と人々の格差観

1 背景と課題

　富裕層と貧困層との社会経済格差の拡大は、今日の世界で最も注目を引く重大な問題の1つとなっている。相対的貧困率の2000年と2009年の数値を見ると、例えばアメリカでは16.9から17.3へ、日本では15.3から16.0へ、福祉国家といわれるスウェーデンでも5.3から8.7へと増大してきた（村田・荒牧 2013：4）。

　この貧富拡大傾向はかつて社会主義を経験した国々においても例外ではない。ジニ係数を基にした所得格差指数は1990年、1999年、2008年の間に、欧米の市場経済諸国（14カ国平均）では27.2から28.7、さらに29.3へと増大し、そして旧社会主義諸国（13カ国平均）では23.0から28.9、そして31.2へと体制転換後に顕著に拡大して、2008年には市場経済諸国平均の格差水準を越えるほどにまで大きくなっている（Medgyesi 2013：39）。

　こうした格差状況の動態を背景として、本章では、かつて社会主義体制の下で平等主義的施政を布いていた旧ソ連と中欧・東欧諸国を対象として、前半部分で体制転換後における所得格差の動態と現状を観察し、後半部分では旧社会主義諸国の中でその格差が最大のロシアと最小のチェコに焦点を置

いて、そこに生活する人々の格差に対する意識を比較分析する。

2　脱社会主義国における所得格差の状況

A　一般的状況

　旧ソ連や中欧・東欧の人々は、社会主義体制下で、顕著な平等主義を現実の生活の場で体験していた。筆者の幾度かの現地聴取調査によれば、例えばロシアでもチェコスロヴァキアでも、職場によっては監督者よりも平の従業員の方が高給であることも珍しくなく、国有大企業では企業長と一般労働者との給与格差はせいぜい3倍程度に過ぎず、炭坑や鉄鋼で働く重労働の熟練作業員の給料は企業長のそれを上回ってさえいた。当時の統計を見ると、現業労働者と事務系職員と技術系職員の平均給与水準は、ロシア（1970年）では100対85対136（Rutkevitch 1974:29）、チェコスロヴァキア（1965年）では100対86対135であった（Machonin et al. 1967：79）。

　また、チェコスロヴァキアにおける1966年時点での全就業者の収入（税込）の分布をみると、600コルナ以下の層は0.3％、3,001コルナ以上の層は2.0％で、大多数の就業者はその間に収まっていて、そのうち1,001コルナ以上2,000コルナ以下の層が69.1％を占めるという、中間層が圧倒的な部分をなしていて、格差は極めて小さかった（Machonin et al. 1967：77-78）。また、当時のポーランドのデータを見ても、高学歴の知的労働従事者と単純作業に従事する低技能労働者との平均月給の格差は1.8倍程度に過ぎなかった（Wesołowski

1969：邦訳178-9）。確かに社会主義体制下ではどの国でも支配層の非金銭的役得や一般市民のインフォーマルな臨時収入など、公式統計には表れない所得があったとしても、それは全体の格差状況に影響するほどのものではなかった（Večerník 1994）。

体制転換時点の1990年におけるロシアと欧米諸国の所得格差をジニ係数でみると（Medgyesi 2013：30）、ロシアでは既にペレストロイカによる経済混乱の中で24.0を記録していたが、アメリカ（33.5）、イギリス（32.8）、イタリア（26.6）、西ドイツ（26.6）など欧米主要国に比べればその格差はまだ小さかったし、中欧諸国での格差はそのロシアよりももっと小さかった。

ところがこれらの国々では、社会主義体制が崩壊し資本主義体制が布かれて生活の諸分野に競争原理が導入されてから、所得格差は顕著に拡大し、先に触れたように2008年には北米・西欧諸国の平均的格差水準を上回っている。

さらに、同じ旧社会主義圏の中でも国による違いが顕著になってきた。1990年時点でジニ係数をベースとした指数が最も小さかったスロヴァキア（ジニ係数17.6）とロシアを比較すると、その差は11.6倍であったが、2008年時点ではロシアでは格差が顕著に拡大していて（ジニ係数46.2）、スロヴァキア（23.0）との差は2倍に広がっていた。体制転換後の格差拡大傾向は国による差が現れている。ロシアはすでに1999年時点において中欧・東欧諸国と比べて格差が顕著に大きな国になっており（ジニ係数40.9）、それにバルト3国が続き（エストニア35.9、リトアニア32.7、ラトヴィア30.1）、中欧・

東欧諸国は 20 点台に止まっていたが、中欧内部では体制転換後自由化を急いだハンガリーやポーランド（いずれも 28.9）と、漸進的改革の道を歩んだチェコ（25.3）やスロヴァキア（23.8）との間に、差が現れている（Medgyesi 2013：39）。

2010 年代に入ってからのジニ係数（2010—2017 年）を国連人間開発レポート（United Nations Development Programme 2019）で見てみると、ロシアは 37.7 で 2008 年時点での水準より低下してきたとはいえまだ高水準にあり、中欧諸国の中ではチェコが 25.9 で 2008 年時点での低い水準に止まっているが、スロヴァキアは 26.5、ポーランドは 30.8、ハンガリーは 30.4 と格差は微増し、東欧のブルガリアとルーマニアはそれぞれ 37.4 と 35.9 になって、ロシアの水準に近付いてきた。

B　国民所得と国内格差

格差が拡大したのは 1 国内部の人々の間だけではない。国家間の格差も拡大した。社会主義体制崩壊後 4 半世紀を経た 2015 年時点の世銀データをみると、国民 1 人当りの購買力平価 GNI（国民総所得）の高さは 192 カ国の中でチェコが 39 位、ロシアは 54 位、ウクライナは 120 位というように、大きな国家間格差が現われている（GLOBAL NOTE 2016）。また、それぞれの国の所得格差をジニ係数（世銀：2015 年データ）で見ると、最も小さいのはウクライナ（24.8）とチェコ（26.4）で、最も大きいのはロシア（39.7）である（横田洋三・秋月弘子・二宮正人（監修），2016：244-247）。

なぜ旧社会主義諸国の間でこのような違いが出てきたのか。国による経済発展度合いの違いからか。国の経済発展度（1

人当り購買力平価 GNI：世銀 2015）と国内所得格差度（ジニ係数：世銀 2015）との関連を分類してみると、次のようにまとめられる（国民所得水準は GLOBAL NOTE 2016）、所得格差は横田・秋月・二宮（監）（2016）から引用）。なおルーマニアの所得格差は Medgyesi（2013：39）作成の表によると 2008 年時点でブルガリアと同水準である。

　①1 人当り国民所得は高いが、国民内部の所得格差が大きい国（ロシア、エストニア、ラトヴィア、リトアニア）。

　②1 人当り国民所得が低く、国民内部の格差も小さい国（ウクライナ、ベラルーシ）。

　③1 人当り国民所得が高く、国民内部の所得格差が小さい国（チェコ、スロヴァキア、次いでハンガリーとポーランド）。

　④1 人当り国民所得が小さいが、国民内部の所得格差が大きい国（ブルガリア、ルーマニア）。

　要約すると、（1）ロシアとバルト 3 国は旧社会主義国の中で比較的高所得国であるが、国民の中での所得格差が大きく、（2）中欧 4 カ国（特にチェコ）は所得が高くて格差は小さく、（3）南東欧の 2 カ国は所得が低いが格差は大きく、（4）ウクライナとベラルーシというロシア以外の旧ソ連 2 カ国は所得が低く格差も小さいというような、旧共産圏内部の地域分化が見てとれる。因みに、これらの国々の国民 1 人当り所得による順位と所得格差の大きさによる順位との間の順位相関係数（スピアマン）を求めると 0.045 であり、5 ％の臨界値（0.506）をはるかに下回っていて、相関関係は認められない。つまり、一般的に言って、一国平均の所得水準の高低と国民内部の所得格差の大小とは相関していないのである。

換言すれば、豊かな国では格差が大きく（あるいは小さく）、貧しい国では格差が小さい（あるいは大きい）と一般化することはできない。

C　自国社会の格差認知

では旧社会主義諸国の人々の眼には、自国社会の格差構造はどう映っているか。

村田と荒牧（2013：8-9）は次の５つの「社会のタイプ」をあげて、自国の社会はどれに当てはまるかを問うた意見調査の結果を紹介している。

タイプＡ：最上層は少数のエリート、中間層はほとんど無く、大多数の人は最下層の社会（両極分解型）

タイプＢ：最上層は少数のエリート、下の層に行くにつれて多くなり、最下層には最も多くの人がいる社会（ピラミッド型）

タイプＣ：最下層はあまり多くないが、下層中間層が最多をなす社会（準ピラミッド型）

タイプＤ：中間部分が厚い層をなしていて最も大きく、上層と下層の両極に行くほど少ない社会（提灯型）

タイプＥ：多くの人が上層にいて、下層に行くほど少数になっている社会（逆ピラミッド型）

このうち自国を両極分解型とみる回答者が特に多いのはウクライナ（69％）、ラトヴィア（68％）、ブルガリア（63％）、それに次ぐのがハンガリー（56％）で、回答者が過半数に満たないのがスロヴァキア（43％）、ロシア（39％）、ポーランド（37％）、エストニア（32％）であり、もっとも少ないのはチェコ（29

％）である。両極分解型とピラミッド型を合わせた回答比率でみると、ウクライナとブルガリアは91％、それに続いてハンガリー89％、ラトヴィア88％、スロヴァキア83％、エストニア79％、ロシア75％、ポーランド70％、チェコ65％が来る。興味深いことに、調査時点でウクライナは実際にはヨーロッパの旧社会主義諸国の中で所得格差がチェコとともに最も小さい国であるにも関わらず、人々の大多数は自国を所得格差が非常に大きい社会だと見ており、その一方でロシアは格差が非常に大きい国であるにも関わらず、自国社会を顕著な格差社会だと見ている者の比率はあまり大きくない。その比率が最も小さいのは客観的格差が旧社会主義諸国中最も小さいチェコであり、この点は納得がいくが、他の国々に関してはこの2つの変数に正の関係は認められない。

　次の節では、ここで観察している旧社会主義諸国の中で所得格差が最も大きいロシアとそれが最も小さいチェコを取り上げ、両国間における所得格差に対する人々の意識の異同を探っていく。

3　格差に対する人々の意識
——平等志向か業績志向か

A　この節の課題と分析素材

　格差拡大傾向に対する社会的意見と政策的対応は、ここ4半世紀の間、新自由主義的志向と社会民主主義的志向との対抗ないし折衷として特徴づけることができよう。新自由主義者達は社会における業績主義の重要性を強調し、それが人々

を動機付けて経済発展を促すと主張する。これに対して社会民主主義者達は社会の安定にとって社会的平等が持つ意義を強調し、それが結局は経済発展と社会福祉の向上の基盤となると説いている。これら2つの思潮が拮抗しているのは旧社会主義諸国でも同様である。

　ではそれぞれの社会の中で人々は格差に対してどのような意見を持っているか。

　この節では、これまでに観察対象としてきた旧社会主義諸国の中で所得格差が最も大きいロシアと、それが最も小さいチェコを取り上げて、格差に対する人々の態度を比較分析していく。

　分析の素材は、佐々木正道が2008年から2012年にかけて行った「社会的信頼の国際比較」研究調査から得ている（佐々木編 2014）。この研究調査は標準化された調査票によって、日本、台湾、アメリカ、ドイツ、フィンランド、ロシア、チェコ、トルコの8カ国で実施された。

B　調査対象8カ国の所得格差と格差意識

　佐々木の「社会的信頼の国際比較」研究プロジェクトで用いられた調査票の中で、回答選択肢として「1．収入の格差をもっと小さくすべきだ」「2．個々人の努力を促すために、成果に応じて収入の格差を認めるべきだ」「9．わからない」という回答選択肢を挙げて、「あなたのお考えはどれに近いか」と尋ねている設問がある。本稿で分析素材とするのはこの設問に対する回答の分布であり、回答1を平等志向、回答2を業績志向と定義づけてその分布を国別に示すと、**表1**の

ようになる。

表1　調査対象国における所得格差意識の分布

	平等志向	業績志向	ＤＫ	計（度数）
アメリカ	40.5	47.8	11.7	100.0 (1,008)
日本	44.3	51.2	4.5	100.0 (924)
台湾	42.8	51.2	6.0	100.0 (1,005)
チェコ	43.9	47.4	8.7	100.0 (981)
ドイツ	60.0	34.6	5.4	100.0 (1,007)
フィンランド	63.0	34.1	2.9	100.0 (881)
トルコ	73.0	16.7	10.3	100.0 (1,007)
ロシア	54.9	30.8	14.3	100.0 (1,600)

　この表に見るように、かつて等しく社会主義体制下で平等主義的生活を布いていたロシアとチェコとでは、体制転換後20年以上経った時点で、人々の格差意識の分布がかなり異なる。ロシアでは平等志向が多数を占めているのに対して、チェコではどちらかといえば業績志向の方が多い。これをどう解釈するか。一般に経済水準が高い国では業績志向的で、それが低い国では平等志向的だ、というわけにはいかない。調査対象となった他の国々についてみると、同じ高所得国でもアメリカや日本では業績志向が多いが、ドイツやフィンランドでは逆に平等志向が多いからである。

　では、国内における客観的な格差の大きさに照らしてみると、どうだろうか。公表されている世銀データ（アメリカ2014年、日本2002年、チェコ、ドイツ2000年、フィンランド2000年、トルコ2008年、ロシア2009年。台湾データはCIAジニ係数2011年）とOECDデータ（ロシア2010年、日本2009年、その他の国2012年）のジニ係数から調査対象諸国を分類する

と、次にようになる。

①所得格差が大きい国：アメリカ、ロシア、トルコ

②所得格差が中ぐらいの国：日本、台湾

③所得格差が小さい国：チェコ、ドイツ、フィンランド

　上でみた客観的な所得格差の大きさと、先にみた平等志向か業績志向かという主観的な格差観の違いとを絡めて、各国の特徴をまとめて示すと表2のようになる。

表2　調査対象諸国の客観的所得格差と人々の主観的格差意識

	平等志向が大	業績志向が大
所得格差が大きい	ロシア トルコ	アメリカ
所得格差が中ぐらい		日本 台湾
所得格差が小さい	フィンランド ドイツ	チェコ

　この表を見ると、人々の格差に対する態度が平等志向的か業績志向的かは、実際にその国の内部で格差が客観的に大きいか小さいかということと関係していないことが窺える。格差が大きいアメリカでは業績志向が優位であるのに対して、同じく格差が大きいロシアでは平等志向が大きく、格差が小さいフィンランドやドイツでは平等志向が大きいのに、チェコでは格差が小さくて業績志向がむしろ大きい。かつて等しく社会主義体制を経験したロシアとチェコは、この表では対極に位置する。この2カ国だけに限ってみれば、ロシアでは所得格差が大きいから平等志向の人々が多く、チェコでは逆に所得格差が小さいから業績志向の人々が多い、という、単純な相関関係を導けるかもしれない。しかし先に見たように

ロシアでは自国を格差が大きい社会だと認知している人々の割合は必ずしも大きくない。またチェコでは後に触れるように格差意識は社会階層によってかなり分化していて、現業労働者層においては平等志向が多数を占めている。

　以下において性別、年齢別、学歴別、職業階層別、世帯所得額別、生活満足度別に見た、ロシアとチェコにおける格差意識の分布状況を追究する。

C　個人属性・社会経済的地位・生活満足度
　　から見た格差意識の分化

　観察対象をロシアとチェコに限定して、男女別、年齢別、学歴別による格差意識の分布の違いにどんな差があるのかを分析する。

　まず性別で比較すると、両国とも男女間の差は僅かである。ロシアでは男女とも平等主義志向（男性 52.5％、女性 57.1％）が業績志向（男性 33.7％、女性 28.1）を上回り、逆にチェコでは業績志向（男性 49.3％、女性 45.6％）が平等志向（男性 43.0％、女性 44.8％）をやや上回っている。ロシアではチェコに比べて男女とも平等志向が多く、チェコでは男女とも業績志向の方がやや多い。

　次に年齢層を 20～24 歳、25～34 歳、35～44 歳、45～54 歳、55～64 歳、65 歳以上というように 6 グループに分けで観察すると、2 つの国の次のような特徴が見てとれる。ロシアの場合、どの年齢層においても平等志向が業績志向を上回るが、35 歳未満の若い年齢層では平等志向と業績志向の差は僅か約 3 ％しかなく、これに対して 45 歳以上の中高年の年齢層

では平等志向が業績志向を 30 ～ 40％の差で上回る。ロシア
が全体として平等志向的であるのは主として中高年層の格差
観に負っていると言える。一方、チェコの場合、25 歳以上
55 歳未満の年齢層では業績志向が顕著に大きいが、55 歳以
上の年齢層では逆に平等志向の方が大きくなり、業績志向を
約 20％も上回っている。チェコは全体としてみれば業績志
向的であるが、55 歳以上の高齢層に限ってみれば平等志向
的なのである。つまり高齢層はロシアでもチェコでも共通し
て平等志向的だと言える。調査時点でのこの年齢層はロシア
でもチェコでも社会主義体制下で平等主義的生活を体験した
世代であり、多くは体制転換後に不安定な中年期の、あるい
は高齢の生活を余儀なくされた人々である。ロシア人が平等
志向的でチェコ人が業績志向的であるとすれば、その違いは
この年齢層よりも下の、体制転換後に生活を切り開いてきた
世代の意識の差にあると見られる。

　学歴水準を低学歴層、中学歴層、高学歴層（日本の基準で
いえば低学歴層は中卒程度、中学歴層は高卒程度、高学歴層は大
卒程度）に分けて格差意識の差を観察すると、ロシアとチェ
コとで一定の共通点が見出せる。両国とも低学歴層は平等志
向が大きいのである。ロシアでは中学歴層や高学歴層でも平
等志向が業績志向を上回るが、特にそれが顕著なのは低学歴
層においてである。一方、チェコでも低学歴層は平等志向が
大きく、業績志向をかなり上回っているが、中学歴層、とり
わけ高学歴層においては業績志向が顕著に大きく、学歴水準
の差による格差意識の違いがロシアよりも鮮明に表れてい
る。なお、社会主義時代には両国とも学歴による給与差は極

めて小さかった。社会主義時代のチェコでは大卒技術者の給
与水準を 100 とすると、低学歴不熟練労働者のそれは 70 で
あった（Machonin et al. 1967：80）。しかし体制転換後の労働
市場ではその格差が大きく開いた。その格差の下層部分に低
学歴の高齢層が滞留し、そこに平等志向の意識傾向が広く継
続していると見られる。

　次に、職業や収入という社会経済的地位の違いによる格差
意識の特徴はどうか。

　表３は、職業別に見た格差意識の分布状況を示している。
これによると、ロシアでもチェコでも自営商工業者や企業管
理職は業績志向が大きいが、しかしロシアの場合にはこれら
の職業層でも 50％以上が平等志向であり、平等志向が大き

表３　職業階層別にみた格差意識の分布

	平等志向	業績志向	ＤＫ	計（実数）	
ロシア　合計平均	54.9	30.8	14.3	100.0	(1,600)
自営商工業者	50.0	42.9	7.1	100.0	(28)
企業管理職	53.0	41.0	6.0	100.0	(83)
専門職	55.5	30.5	14.0	100.0	(128)
事務職	52.3	33.3	14.4	100.0	(132)
現業職	53.3	32.7	14.0	100.0	(450)
チェコ　合計平均	43.9	47.4	8.7	100.0	(981)
自営商工業者	23.5	70.6	5.9	100.0	(51)
企業管理職	12.1	81.8	6.1	100.0	(33)
専門職	27.0	64.9	8.1	100.0	(74)
事務職	34.4	61.5	4.1	100.0	(122)
現業職	51.1	40.0	8.9	100.0	(270)

（注）企業管理職には経営者を含む。その他の職業カテゴリーは
表から省いた。

いという点では現業職の労働者も含めて職業間の差は小さい。ところがチェコでは職業による違いが顕著であり、業績志向が自営商工業者では70%、企業管理職では80%強を占め、専門職や事務職では60%台、そして現業労働者では40%となっており、その一方で現業労働者の場合は平等志向が過半数を占め、その比率はロシアの現業労働者とほぼ同水準である。要するに、チェコではロシアと比べて職業階層間で格差意識が顕著に分化しているが、現業労働者に限って言えば両国間にあまり差がない。

　世帯年間総所得の額から見ると、表4に明らかなように、ロシアでは所得額の大小を問わず平等志向が大きい。これに対してチェコでは30万コルナ辺りを境にして、それ以上の層では業績志向が大きく、特に38万コルナを超す高所得層

表4　世帯年間所得額別にみた格差意識の分布

	平等志向	業績志向	ＤＫ	計 （実数）	
ロシア　合計平均	54.9	30.8	14.3	100.0	(1,600)
~5,000	59.6	27.7	12.7	100.0	(614)
5,001~7,000	55.3	31.5	13.2	100.0	(257)
7,001~10,000	53.8	31.0	15.2	100.0	(171)
10,001~	54.8	34.5	10.7	100.0	(197)
チェコ　全体	43.9	47.4	8.7	100.0	(981)
~130,000	53.2	36.5	10.3	100.0	(126)
130,001~230,000	49.2	43.4	7.4	100.0	(189)
230,001~300,000	55.0	41.1	3.9	100.0	(129)
300,001~385,000	41.1	48.2	10.7	100.0	(112)
385,001~	25.0	68.8	6.2	100.0	(128)

　（注）表中の貨幣単位はロシアでは米ドル、チェコではコルナ。

ではそれが70％近くを占め、その一方で30万コルナ以下の層ではむしろ平等指向の方が業績志向を上回っており、特に13万コルナ以下の層における平等志向の比率はロシア全体のそれとほぼ同水準である。ロシアでは平等志向が過半数を占めるという点で所得階層間の違いはあまりないが、チェコでは所得階層の高低によって格差意識が平等志向と業績志向とに顕著に分化している。

　上記の観察結果によれば、職業階層や所得階層という社会経済的地位の違いによる格差意識の差異は、チェコでは明瞭に看取できるのに対して、ロシアでは必ずしもそうではなく、概して一様である。この傾向は生活満足度といった主観的指標にも表れている（表5参照）。確かにロシアでもチェコでも生活満足層ほど業績志向が多く、不満層ほど平等志向が多い。つまりどちらの国でも生活満足度と格差意識は直線的な

表5　生活満足度別にみた格差意識の分化

	平等志向	業績志向	ＤＫ	計（実数）	比率
ロシア　全体	54.9	30.8	14.3	100.0 (1,600)	100.0
満足	48.8	36.8	14.4	100.0 (642)	40.1
やや満足	57.0	28.5	14.5	100.0 (575)	35.9
やや不満	61.3	25.7	13.0	100.0 (261)	16.3
不満	67.3	20.8	11.9	100.0 (101)	6.3
チェコ　全体	43.9	47.4	8.7	100.0 (981)	100.0
満足	26.8	65.1	8.1	100.0 (149)	15.2
やや満足	41.8	49.6	8.6	100.0 (589)	60.0
やや不満	58.4	33.5	8.1	100.0 (185)	18.9
不満	68.1	21.3	10.6	100.0 (47)	4.8

(注)この表では「わからない」という回答者と無回答者を除いている。

対称性を見せている。しかしその対称性は特にチェコにおいて顕著である。チェコでは「満足」層の65.1％（ロシアでは36.8％）が業績志向的であり、平等志向を約40ポイントも上回る（ロシアでは僅か約10ポイント）。また、それほど顕著ではないが「やや満足」層も業績志向が大きい。ところが「やや不満」層では平等志向の方が大きく（58.4％）、業績志向よりも25ポイントも上回り、「不満」層になるとその傾向がさらに顕著に見られ、68.1％が平等志向であって、それは業績志向を47ポイントも上回っている。チェコの「不満」層におけるこの平等志向の比率はロシアのそれとほぼ同水準である。ロシアでは「満足」層ほど業績志向が大きいが、しかしこの層を含めてどの層においても平等志向が業績志向を上回っている。チェコでは満足度が高い層ほど業績志向的であるが、ロシアでは満足層でも業績志向より平等志向の方が多いのである。

4　要約と解釈——結びに代えて

A　所得格差の規模におけるロシアと中欧

　ロシアと中欧諸国はかつて社会主義体制下で平等主義の理念と政策によって、日常生活における格差がかなり小さな国々であったが、1980年代末から90年代初めにかけてその体制が崩壊し、資本主義的市場経済が人々の生活に浸透する過程で所得格差が急激に拡大した。しかしその格差の大きさは、その後4半世紀を経て、ロシアと中欧諸国との間で大きな相違を見せている。ロシアは所得格差が最も大きく、中欧

諸国、特にチェコはそれが小さいのである。

この違いはどこから来るのか。

社会主義時代がロシアでは約70年も続き、他方、中欧諸国では約40年という比較的短期間だった。その時代の長さの差に由来しているのか。しかし、ロシアと同様に約70年の社会主義時代を経験したウクライナやベラルーシでは所得格差が小さい。或いは1国の経済水準が全体として高いか低いかで当該国の所得格差の大小が規定されているのか。確かに国民総所得1人当りの大きさで経済水準を測ると、それが高いロシアでは人々の間の所得格差が大きく、それが低いウクライナはその逆であるという関係が認められるが、1人当り経済水準がロシアより高い中欧諸国、特にチェコでは格差が小さい。したがって、旧社会主義諸国に関しては、1国の経済水準と国民の所得格差との間に相関関係が認められない。なお、中欧諸国の現在の所得格差は、アメリカや日本や南欧諸国という、社会主義体制を全く経験しなかった、そして経済水準が高い国々よりも、小さいのである。

ロシアで所得格差が大きく、中欧諸国、とりわけチェコでそれが小さい理由の1つとして考えられるのは、国土の広さの違い、つまり地理的要因である。ロシアはシベリア、極東、北極圏をも含めた広大な地域からなり、モスクワやペテルブルクなどの都市と遠隔地の寒村とでは産業化と経済水準の上で大きな差がある。社会主義時代には手厚い僻地手当などで所得格差は一定程度埋められていたが、体制転換後に地域間格差はかなり顕在化したようだ。一方、中欧諸国、特にチェコは国土が小さく、その中での地域間格差も大きくない。

旧体制崩壊後の1時期は鉱業や重工業が集積していた地域では失業が多発し、首都プラハとの経済格差や所得格差が広がったが、その後は程なく産業構造の刷新と再構築が進み、所得水準も上がった。

　所得格差の大小に関するロシアとチェコの違いを論じる際に、さらにもう1つ、体制転換と新体制への移行措置の特徴を視野に入れる必要がある。

　ロシアでは1980年代中葉に始まったペレストロイカが経済活動に機能麻痺をもたらし、政治過程も混乱して遂にソヴィエト体制を瓦解へと導いた。ペレストロイカは「上から」の体制転換策であった。この間、国有企業の民有化は順調に進まず、計画経済に馴染んでいた企業は市場経済に適応できず、過剰雇用を抱えたまま動けずにいた。そして経営者も旧ノメンクラトゥーラがほぼそのまま企業内に残り続けた。その間、大量解雇は抑えられた反面、労働者の実質賃金は顕著に落ち込み、自発的離職者が増加した。彼ら労働者や離職者の貧困化と、旧体制時代からの上級ポストに留まり、あるいは新しいチャンスを掴んで「新ロシア人」となった層の富裕化とが、同時進行した。因みに山村理人らの調査結果（1995年）によれば、ロシアでは調査対象の機械製造企業37社の社長のうち、1989年以前に社長職に就いていた者が44％を占めていたが、チェコではそれが僅か3％であり、大多数は体制転換後に新たに社長として就任した者であった（山村 1998：52）。

　チェコの体制転換は「下から」の運動で始まり、企業でも行政機関でも教育機関でも、旧体制下で管理的立場にあっ

た人々は糾弾されてその多くは地位を失い、そのポストは新たに「下から」の人々によって埋められていった。そのような人材は、1960年代に共産党の内外でチェコスロヴァキアの政治的・経済的・社会的改革を準備し、それを1968年の「プラハの春」で具体化を目指したがソ連の干渉で挫折を余儀なくされ、その後体制の縁辺へと追いやられていた人たちと、思想と心情を彼らと共有する後継世代の人々からなる、幅広い社会層から供給された。ロシアでは多くの場合、旧エリートが横滑りして新エリートへと変身し、多数の民衆は経済社会の転換に置き去りにされたのに対して、チェコでは旧エリートは弾劾されてその地位から去り、体制移行は68年改革の流れを直接あるいは間接に汲む新体制樹立の理念に燃えた新エリートと広範な民衆の手で、模索され設計され実施されていった。その体制移行はロシアや近隣の脱社会主義諸国と異なって、競争と淘汰を伴う新自由主義的な「ショック療法」を採らず、政労使の3者協議などを通して、合意と調整の論理を踏まえた漸進的改革で新体制を整えていった（石川編 2004, 石川（晃）2009）。

　また、チェコスロヴァキア（特にチェコ）の移行過程には次のような点で中欧の他の国々と異なる特徴もあった。ポーランドは体制転換以前の1980年代に破局的な経済状況にあり、巨額の対外借款を抱え、その下で人々の生活は困窮化し、社会紛争が陰に陽に頻発していた。この状況を抱えた中で体制転換が行われ、資本主義化が強行された。ハンガリーでは既に旧体制下で市場化に向けた取り組みがなされていたが、この国も莫大な借款を抱えながら体制移行を図らなければな

らず、その皺寄せが国民生活に影を落とした。チェコスロヴァキアは外国からの借款の重圧を避けて社会主義体制を保持しながら、それなりの安定した国民生活を維持していた。体制転換に伴って国有企業を民有化する際、その所有を市場に放り出すのではなく、バウチャーの形で国民に平等に分配した。いわば国民総株主の状況が作られた。そしてその後、国民の多くはその株を売り出して現金を得ていった。つまりチェコでは概して、社会主義時代の国有財産が一部の権力者や投機家に私物化されるのではなく、国民一般に分け与えられたのである（スロヴァキアではやや状況が違ったが）。また、特にチェコでは伝統的に加工産業が集積していたので、コメコン（ソ連主導の経済相互援助機構）が崩壊しても、西側経済に比較的容易に適応できた。体制転換後の急激な資本主義化の中で旧社会主義国では一般に失業率の急上昇が記録されたが、チェコの失業率は低水準で推移し、今日に及んでいる。体制転換とその後の移行過程において、チェコでは労働争議やその他の社会紛争は皆無かそれに近かった。

　ロシアに対して（そして他の中欧諸国に対しても）チェコが所得格差の小さい社会として成り立っている事実は、このような体制移行過程の違いからも説明できると思われる。

　　B　ロシア人とチェコ人における
　　　　「平等志向」対「業績志向」

　これまでに指摘してきたように、旧社会主義諸国の中で体制転換後に所得格差が顕著に拡大したのはロシアであり、それが比較的小さかったのは中欧諸国、とりわけチェコである。

本章では特にロシアとチェコを取り上げ、人々が自国社会の所得格差に対して抱いている意識を「平等志向」対「業績志向」という図式を設定して追究した。その結果、ロシア国民はどちらかといえば平等志向的であり、チェコ国民はどちらかといえば業績志向的であることがわかった。

　この違いはどこから来るのか。チェコの方が業績志向的なのは、ロシアに比べて経済的先進国で生活水準も高いからなのか。つまり、当該国の国民の格差意識の差異を生活水準の高低の違いから一般化して説明して良いか。このような解釈はロシアとチェコの2国間比較に限ってみれば妥当するかもしれないが、それを一般化してしまうのは無理である。チェコよりも1人当りGNIが大きく生活水準が高いドイツやフィンランドでは、むしろロシア以上に平等志向的だからである。

　では現実の所得格差の大きさから見るとどうか。チェコは旧社会主義諸国の中で現在その格差が小さい。だから業績志向的なのか。だがドイツやフィンランドでも所得格差は小さいが、平等志向的である。また、ロシアが平等志向的なのは国内の所得格差が大きいからか。しかし所得格差がロシアより大きいアメリカでは、平等志向的であるよりもむしろ顕著に業績志向的である。アメリカでは社会は格差が大きいが人々は業績志向的であり、ドイツやフィンランドでは社会は格差が小さく人々は平等志向的である。ロシアとチェコに限って言えば、ロシア社会は格差が大きく人々は平等志向的であり、チェコでは社会は格差が小さく人々は業績志向的である。その意味でこの2つの国は対照的である。

ロシアではどの年齢層においても平等志向が業績志向を
上回っている。特にそれは中高年層において顕著である。他
方、チェコでは50歳代中葉までの若年・中年層においては
業績志向が平等志向を上回っているが、それ以上の年齢層で
はむしろ平等志向的である。この年齢層は社会主義時代にそ
の人生の一部を過ごした人々からなる。

　学歴別にみるとロシアでは低学歴層で平等指向が大きい
が、中学歴層や高学歴層でも平等志向が業績志向を上回って
いる。これに対してチェコでは、中学歴層や高学歴層は業績
志向的であるが、低学歴層ではむしろ平等志向的で、学歴の
差で格差に対する意識が分極化している。職業階層別にみる
とロシアでは経営者から労働者に至るまでどの層でもほぼ等
しく平等志向的である。これに対してチェコの場合には、現
業労働者はロシアと同水準で平等志向的であるが、経営者や
自営業者においてはロシアのこれらの職業層よりもはるか顕
著に業績志向的傾向が見出され、職業階層によって格差意識
が分かれている。所得階層別にみると、ロシアでは所得階層
の高低にあまり関係なく平等志向的傾向が認められるが、チ
ェコでは階層による差異が大きく、高所得層では業績志向的、
低所得層では平等志向的傾向が顕著である。この特徴は生活
満足度別の格差意識の分布にも反映されている。

　要約すると、ロシアは年齢や学歴、職業や所得の高さの
違いに関わりなく概して平等志向的であるが、チェコは全体
の平均でみると業績志向的とはいえ、年齢、学歴、職業、所
得の違いで格差意識はかなり分化しており、業績志向的なの
は若年層と中年層、高学歴層、経営者・自営業者層、高所得

層、つまり体制転換後の新社会と順機能的な関係に立っている社会層であって、その縁辺部分に滞留する高齢層、低学歴層、現業労働者層はむしろロシアと同様、平等志向的である。

これをどう解釈するか。

ロシアは所得格差が大きい社会であり、そして多くの人々は平等志向的である。この平等志向性は顕著な格差社会に対する反作用として出てきているのか。自国社会の構造イメージとして、ロシアでは「両極分解型」や「ピラミッド型」が多く、このような社会構造に対して全体的に平等を求める者が多い。チェコでは、中間部分が肥大した「提灯型」の社会構造イメージが少なからぬ人々に共有されていて、その中間部分の人々を中心にして業績志向が多く見られる。

平等志向的か業績志向的かという点でのロシアとチェコとの差異は、平等主義的であった社会主義時代からの履歴効果の違いから、ある程度説明できるかもしれない。ロシアでは社会主義時代が長年続き、その間における平等主義意識の効果が、年齢・学歴・職業などの違いを超えて今に残っている。これに対して社会主義時代がそれよりも短かったチェコでは、体制転換後の新しい生活様式に適応した若年・中年層、高学歴層、上層および中間層、高所得層を中心に、全体として業績志向が多数を占めている。そのような層が業績志向の精神で現在チェコ社会のダイナミックな動きを牽引していると見られる。この流れに乗っていないのが高齢層、労働者層、低所得層、そして生活不満層で、そこでは平等志向が多く見出される。

ここで検討しているロシアとチェコの格差意識の違いは、

さらに、この２つの国の社会史的文脈からも解釈できるかもしれない。

　社会主義革命前のロシアでは人口の圧倒的多数が農民であり、彼らは村落共同体（ミール）内の平等主義的規制（自主管理的な土地配分など）に依存した生活を営んでいて、そこでの個別家族の再生産は均分相続の慣行に沿って行われていた。当時は「必要な分だけ働くことが善とされ」ていて、人口の８割を占める農民も農民出身の労働者も「自分の基本的必要の充足のためだけに労働し、利益の追求や富の蓄積のために働いていたわけではなかった」という（Veselov 2014：邦訳134-5）。革命後は共産主義のイデオロギーと社会主義的政策の下で私的所有が国家所有・集団所有に移され、平等主義の原則で人々の生活が構造化され、個人主義的な利益の追求や富の蓄積は否定的にしか評価されなかった。そのため革命前も革命後も個人の努力とか業績とかが生活訓の原点となる余地はほとんどなく、人々は平等に生きるものであるということが当然視され価値化されていた。ところが社会主義体制の崩壊と急激な資本主義体制への移行の下で、人々の生活は突如、競争と淘汰の波に晒され、その間に一部の人々に富が集中し、多数の国民は困窮に追いやられ、貧富の格差が顕著に現れた。社会主義革命以前から長年にわたって平等主義の価値と伝統で中で生きてきたロシア人にとって、この生活変動は恐らく初めての歴史的体験だった。今のロシア人の多くが平等志向の意見を表明するのは、これへの反作用だという解釈も成り立ちえよう。

　他方、チェコでは、既に18世紀に1子相続が制度化され、

子供ら１人ひとりが自力で生活を切り開いていくのが当然視される社会になっていた。そこでは個人的努力が生活訓の重要な柱に据えられ、業績主義的価値観が社会に根付き、成功者はそれの体現者であった。また、チェコ人は長年のゲルマン系支配層の下にあって、成功者もそうでないものも同じチェコ民族としてのアイデンティティを共有し、第１次大戦後に独立国家を打ち立てた後は同じ民族内部の平民層からエリートをリクルートして指導層を作り上げていき、先進的な民主主義の思想と制度を定着させ、小市民を中核とした政治的にも文化的にも経済的にも格差の小さな同質的な社会を現出させた。その中で更なる平等主義を志向する社会主義思想の広がりや労働運動の展開もあって、これらも格差拡大に対するブレーキ役を担った。社会主義時代以前のこのような歴史的土壌が現在のチェコ社会における格差の小ささと、それと両立する業績志向的意識の広がりとを基礎づけている、という解釈もありえよう。事実、意識調査結果によれば、家父長的な国家依存福祉を是とする者よりも「市場とハードワーク」に価値を置く者の比率は、中欧４カ国中、チェコが最多である（Večerník 1994：18）。

　この点と関連して、チェコでは、社会主義体制崩壊後の新社会の設計に当たって、大戦間の共和制時代の歴史記憶が大きな思想的役割を演じたと言ってよい。その歴史記憶は、第１次大戦後にチェコ人が（スロヴァキア人とともに）独立国を打ち立てた際の初代大統領トマーシュ・マサリクの思想と結びついている。それは、個人の自由な創意とそれを基礎づける人格の多様な発達の保証を社会の基盤に据えた民主主

義思想であり、企業家も単なる物欲追及のエゴイストとして
ではなく、「強い創意と発意をもって社会的・経済的発展を
促進する役割」を遂行する人々として捉えられている（石川
（達）1995：188）。この思想はチェコ人の社会観と生活訓に有
意な影響を残していて、それが格差の小ささと業績志向を両
立させているとも思われる。

第5章 社会的不信感とその関連要因
──旧体制の遺物か新体制の産物か

1　問題の所在

　ロシアでは第1次大戦の末期からソヴィエト体制の解体までの70年余、中欧諸国では第2次大戦終了後間もない頃から共産党支配の崩壊までの約40年間、社会主義体制が布かれていた。このことはこの地域に暮らす人々にどんな信頼関係と信頼感の特徴を刻印したか。そしてそれは、体制転換後4半世紀以上経った現在において、どんな特徴を表しているか。

　社会主義体制を支えていた共産主義イデオロギーによれば、働く者は搾取と抑圧から解放され、人間としての自由と平等を勝ちとり、豊かで友愛と信頼に支えられた社会が実現されるはずであった。しかし同時に、このような社会を実現する前提として、残存する旧勢力に対する絶えざる警戒と飽くなき闘争の必要が強調され、「階級の敵」とラベリングされることへの怖れ、「監視」されているという不安から、人々は他者に心を開くのをためらうようになった。「皆が自分のことしか考えなくなり、家で子供と話す時以外は誰とも親しくしないようになった。路上で立ち話をすることさえ周りを気にしなければならなくなった」という、当時を生きた1人

の市民の回想（石川 2010:67）にあるような日常心理が、人々の間の信頼関係に影を落としていたかに見える。

　また、この体制は人々を失業の恐怖や絶対的貧困から解放したものの、硬直的な官僚制的計画経済の下で消費物資の供給や行政サービスの提供が日常的に滞り、約束された豊かさは人々にとって必ずしも実感できるものではなかった。さらに、人事や昇進の上で職務能力よりも「思想性」と「政治性」が優先され、政府機関は共産党の支配下に置かれ、有力者との繋がりの有無と強弱が人々の生活機会を大きく左右した。社会生活の問題解決においても共産党が介在し、市民間の自主的・自律的行動は制限され統制されて、公的サービスは非効率な行政措置に委ねられていた。人々はこの公的統治システムに不信を抱きつつ、それに依存せざるをえなかった。

　社会主義体制下の日常がこのようなものであったとすれば、人々の信頼感と信頼関係の状況はどうだったのか。社会主義体制は二重の意味で社会的信頼規範を壊したと言われる。それは第1に、統治機構に対する公的信頼規範の喪失、第2に、人々の間の一般的な私的信頼規範の崩壊だという（Matějů and Vitásková 2006: 497）。ここで指摘されている公的統治機構に対する制度的信頼規範と人々の間の社会的信頼規範の弛緩と崩壊は、社会主義体制瓦解後4半世紀余を経た今日の社会にどれほどの影響を残しているだろうか。

　過去の国際調査研究は旧社会主義国における信頼感の低さを指摘している。

　佐々木正道は8カ国（日本、ロシア、アメリカ、ドイツ、フィンランド、チェコ、トルコ、台湾）を対象とした国際比較調

査の結果から、ロシアとチェコにおける信頼感は、トルコとともに低位グループをなしていると指摘している（Sasaki 2012）。ホスキングはレヴァダ・センター（Levada Centre）の2006年世論調査データから、ロシアでは政府を信頼しない者が61％を占め、過去5年の間に一般的社会的信頼が低下したという回答が74％もあることを紹介している（Hosking 2012）。アニシモフは旧ソ連・東欧の旧社会主義国の学生を対象にした国際調査から、ロシアとウクライナが信頼感の点で最下位にあることを示している（Anisimov 2012）。シモノヴァは合衆国経営アカデミー（US Management Academy）の調査結果を引用して、ロシアにおける国際ジョイントビジネスの主要な失敗因は「信頼できるパートナーの欠如」にあると指摘している（Simonova 2008）。

　一方、旧社会主義圏の中欧に関しては、体制転換後10年近く経った1990年代末にヨーロッパ諸地域で行われた市民意識調査の結果を見ると（表1）、旧社会主義地域における信頼状況は西欧地域に比べて低位にあり、特に中欧の順位は低い。

表1　欧州諸地域における信頼感

	1位	2位	3位	4位	5位
対政府	西欧	南東欧（正教系）	バルト海沿岸地域	東欧	中欧
対個人	西欧	東欧	南東欧（正教系）	中欧	バルト海沿岸地域

出所：Brokl and Mansfeldová（2002: 226）より作成。

　なぜ旧社会主義地域、とりわけ中欧では信頼感が低いの

か。それは社会主義時代から引き継がれたものなのか、それとも体制転換後の特殊なアノミー（社会的無規制）状況から生じたものなのか。この章ではロシアとチェコを事例として取り上げて、この点を探ってみる。

2　ロシアの事例

A　先行する諸説

ロシアでは約70年間も続いた社会主義体制が今からおよそ4半世紀前に崩壊し、その後、資本主義的市場経済と民主主義的政治制度が急遽導入された。この体制転換はロシア人の信頼感にどんな変化をもたらしたか。

ロシアにおける信頼感の低さの原因を、袴田茂樹は社会主義体制の中に求めている。彼によれば、社会主義国家は「共同体的な心情や論理を破壊し、公共心や社会性をも希薄にし、疎外され、ばらばらにされた利己的な個人の集合を生みだし」（袴田 1993：365）、それが体制転換後に社会の表面に露出し、「個人やグループの利害がむき出しになっている状況」（同：157）が広がっていると言う。つまりロシアは社会主義時代から根底において信頼を欠いた社会であり、それが社会主義体制崩壊後に一挙に表面化し一般化した、と言うのである。

これに対して別な見方もある。ヴェセロフは「良き時代のソ連は伝統型信頼と家族主義的道徳価値を備えた高度信頼社会であった。しかしその道徳価値は1980年代と90年代の体制移行期に全壊させられた」（Veselov 2013：邦訳125）と述べている。また、筆者が2012年秋にモスクワで、社会主義

時代を経験した世代の社会学者ら（モスクワ国立大学心理学部ドリャノフ教授、『社会人文学』誌編集長ミロノフ教授、ロシア科学アカデミー社会経済人口研究所ロコソフ教授、モスクワ国立経営大学フィリッポフ教授、モスクワ国立大学アジアアフリカ研究所シーリン教授ら）と個別に会ってロシアにおける信頼感の低さについて討議したときに、彼らが共通して指摘した点は、社会主義時代の信頼感の高さと、体制転換後のそれの低下であった。彼らによれば、社会主義時代には貧富の格差が小さく、労働と生活が万人に保障されていて、犯罪も少なく、人々は不安のない生活を送れていた。そして地域には無料で誰もが参加できる文化・スポーツ活動とそのための施設もあり、人々はそれを享受していた。そのような環境下で人々は互いに信頼しあって暮らしていた。ところが体制転換は貧富の格差を際限なく拡大して大量の貧困層を生みだし、就労は不安定となり、地域の文化・スポーツ活動も衰退し、人々は不安を抱きながら原子化し孤立した生活へと追いやられ、社会の中で不信感が漲るようになった、と言う。

　ロシアにおける信頼感の低さは果たして社会主義時代の残存物なのか、それとも体制転換後の特殊状況の産物なのか。

　しかし、本章にはこれと関連したもう１つの課題がある。それはロシア人の伝統的な社会的性格の中での信頼感と倫理意識との関係についてである。

　ロシア人の社会的性格については次のような特徴づけがなされてきた。

　第１に、ロシア人は私的な関係と公的な関係を峻別し、それぞれの関係に対して全く別な行動規範を採用している

(Smith 1971, 高田訳 1978：101-106)。ロシアではソ連時代から生活が厳しく、親密な友人関係が生存の防御壁となり、またそれが外部の監視や統制に対して隠れ蓑となりうるため、この関係はアメリカのような豊かで自由な社会よりもずっと強くかつ深いが、その反面、その外側の他人に対してはかなりの不信感を抱き、素っ気ない態度をとる（Hollander1973, 寺谷・渡辺訳 1977：247-256）。ここで指摘されているのは、ロシア人の社会関係の二重性と、信頼関係の二面性である。

　第2に、ロシア人の社会的性格をホフステードの「個人主義・対・集団主義」尺度で測るならば、それは明らかに集団主義に偏しているが、その集団主義は「プログラム化」されておらず、したがって個々人の行動はばらばらで組織性を欠き、状況依存的である（Romashkina 2008：邦語版250）。普遍的・客観的な個人主義的ルールが明確に確立されていないため、「人々は自然的感性に素直に従って他人の私的領域にも平気で入っていき、誰かが困っていると、多くの場合善意から、頼まれなくても手を出し介入するのが普通」（袴田 1993：147）という、他者との合意、或いは普遍的規範を媒介しないままの即自的な相互扶助の心情と行動が見られ、これが無定型なロシア的集団主義を特徴づけるが、それは必ずしも他人に対する信頼感の高さを表すものではない、という指摘もある（袴田 1993）。

　第3に、ロシア人は環境の不確実性を当然のものとして受け入れ、その時々の状況に合わせて選択的に行動をとり、一般的ルールを無視する傾向がある（Romashkina 2008）。そのため善悪の区別も普遍的基準から導き出すのではなく、所与

の条件下で適宜判断していく。それゆえ法に対する態度も便宜的で、民衆は「罰せられずにすむなら、彼らはいたるところで法の網をくぐる」（袴田 1993：38）という。

　以上を要約するならば、ロシア人は私的領域で強い絆と信頼で結ばれた仲間関係を築き、そこに身を寄せて不確実な環境下で生活を防衛し、仲間以外の他者に対しては自然的感性から善意ある行動をとることはあっても、一般には警戒と不信の感情を抱き、そして善悪を普遍的絶対的基準から判断して行動するよりも、所与の状況に合わせて（ときには法を無視してでも）適宜行動を選択していく、というステレオタイプが描けてくる。このようなステレオタイプがロシア人の伝統的な社会的性格を言い表していると言えるのか、それとも体制転換後の現在のそれを特徴づけるものなのか。この点も追究することになる。

　さらにもう 1 つの付帯的課題がある。

　ロシアは信頼度が低い社会と言われるが、体制転換後の混乱期を経て経済が成長し生活が改善されてくれば信頼度は高まるか、というテーマである。佐々木（2012）は「世界価値観調査」から、一般的に言って豊かで民主的な国では信頼度が高く、貧しく非民主的な国ではそれが低いと指摘している。つまり信頼を関数、生活の豊かさと社会の民主性を変数とする関係を提起している。ここで生活の豊かさを生活の満足度という変数に切り替えてロシアにおけるそれの時系列調査結果をみるならば、1997 年と 2000 年には 16％だった満足層（「全面的に満足」と「だいたい満足」を合わせたもの）が、2005 年には 24％、2008 年には 31％に上がっている（Toshchenko

2008)。これが信頼度の向上に結び付くのかどうか。その検証はロシア社会における信頼度の展望に関わってくる。

B　データとその分析方針

　ここで用いるデータは、佐々木正道を主幹とする「信頼感の国際比較」調査研究プロジェクトの対象国８つのうち、７カ国から得られたものである（佐々木編 2014）。ここではその中のロシアのデータを用いる。

　ここで分析する信頼感は、(1) 他者一般に対する信頼、(2) 友人に対する信頼、(3) 公共機関とマスメディア（以下「公的機関」と略称）に対する信頼という、３つのレベルで観察する。そしてさらに、(4) 善悪観と (5) 遵法意識を取り上げて、上記の３レベルの信頼感との関連を追究してみる。

　他者一般に対する信頼度の測定は、調査票の中の設問「あなたは、大抵の人は信頼できると思いますか、それとも、用心するに越したことはないと思いますか」に対して、「信頼できる」を選択した回答者の比率を用いる。

　友人に対する信頼度の測定は、調査票の中の設問「あなたは、ここにあげる人のうち、誰を信頼していますか、または信頼していましたか」の中の「b. 友人」について、「信頼している（いた）」という回答を選択した者の比率を用いる。

　公的機関に対する信頼度の測定は、「警察」「新聞」「テレビ」「政府」「地方行政府」「国会」「NPO/NGO」「病院・保健所」「社会福祉施設」を挙げて、それぞれについて「大いに信頼している」から「全く信頼していない」までの５つの回答選択肢のどれかを問うている。

ところで本稿の主な課題は、先にも述べたように、ロシアにおける信頼度の低さは旧体制から引き継がれたものなのか、それとも体制転換後の特殊状況の中で生みだされたものなのかを、追究することにある。この課題に接近する方法として本稿で採用するのは、世代間分析である。つまり、社会主義体制下で育った旧世代と、新体制下で育った新世代との信頼感の度合いと特徴を検出することによって、上の課題に接近していこうとする。そのために被調査者を年齢（調査時点での）によって次の４つの世代に区分する。

　「20－29歳」：この年齢層は旧体制崩壊の頃に生まれ、新体制の中で育った世代であり、＜新世代＞と名付ける。

　「30－44歳」：この年齢層が生まれたのは旧体制の時代だが、人格形成期、青春期を過ごしたのは新体制下においてであり、ここでは＜準新世代＞と呼ぶ。

　「45－59歳」：この年齢層が生まれ育ち人格形成を経たのは旧体制下であったが、体制転換の頃にはすでに成人になっており、多くは新体制下で社会に参画するようになった。＜準旧世代＞と呼ぶ。

　「60歳以上」：この年齢層はすでに旧体制下で人格形成期を終えて成人となり、一定期間、旧体制の中での社会参画と生活を経験している人達である。＜旧世代＞と呼ぶ。

　回答者の全数は1,600で、その世代別構成比は＜新世代＞24％、＜準新世代＞27％、＜準旧世代＞28％、＜旧世代＞21％で、概ね４等分されている。

C データの分析

(1) 他者一般に対する信頼感

「あなたは、大抵の人は信頼できると思いますか、それとも用心するに越したことはないと思いますか」という質問に対する回答の世代別分布は、表2のようになる。この表から見て取れるように、回答比率はどの世代でも「用心が必要」の方が「信頼できる」を上回っている。つまりロシア人一般の信頼感は総じて低い。しかし世代間の差を見ると、社会主義時代を既に成人として経験した「旧世代」の方が、より若い世代よりも「信頼できる」の比率が相対的に高い。この世代間の違いは統計的に有意差を示すほどのものではないが、「信頼できる」の比率は新世代で29.0%であるのに対して旧世代では33.9%と、5ポイントほどの差を見せている。

表2 世代別にみた他者一般に対する信頼感／不信感

	信頼できる	用心が必要	合計
新世代	29.0	71.0	100.0
準新世代	27.6	72.4	100.0
準旧世代	29.1	70.9	100.0
旧世代	33.9	66.1	100.0

(注)「その他」と「わからない」という回答を除いて算出。

この表に示されている「世代」の差は、「世代」そのものによる差ではなくて、単なる加齢による違いかもしれない。つまり、ここで「新世代」と分類されている人々も、やがて歳を重ねていけば、表中で「旧世代」と分類されている人々と同じような信頼感の状況を呈することになるだろう、と言

えるかもしれない。しかし、「子供の時に親から『たいていの人は信頼できる』と教わったか、それとも『用心するに越したことはない』と教わったか」という質問に対する回答の比率を見ると、表3に示すように、旧世代では過半数が「『信頼できる』と教わった」と言い、準旧世代でもそれに近いのに対して、新世代ではそれが僅か30％にしかならない。社会主義時代に人格形成をした旧世代や準旧世代の多くが他者への信頼を親から教えられたというのに、新世代の多くは他者に対して用心するようにと教えられている。前者の場合、子にそのように教えた親自身も他者への信頼を抱いていたと推測されるから、社会主義体制下の方が体制転換後よりも人々の間で信頼感が高かったと見てよいだろう。したがって表3で見た「世代」間の差は単なる年齢の違いによるというよりも、異なる時代の体験を経た「世代」の違いを反映したものと言ってよいだろう。

表3　他者一般に対する信頼についての親の教え

	信頼できる	用心が必要	教わらなかった	その他	わからない	合計
新世代	29.9	54.4	9.7	0.8	5.2	100.0
準新世代	37.1	46.1	11.5	0.7	4.6	100.0
準旧世代	45.2	37.9	10.9	1.1	4.9	100.0
旧世代	52.3	30.3	11.4	0.6	5.4	100.0

ところで、親から「信頼できる」と教えられたとしても、新体制下の現実的生活体験と世間的風評から本人自身はそう思っていないケースも少なくない。表4（次頁）に纏めたように、旧世代は親から「大抵の人は信頼できる」と教えられた者が52％を占めるのに、現体制下の調査時点でそう思っ

ているのは34％に止まる。体制転換後の生活を経験してい
く過程で、親の教えとは異なる現実を体験して信頼感が変わ
った者も少なくないとみられ、準旧世代でも同様な変化があ
ったようだ。つまり旧世代と準旧世代では親の教えと自分の
今の意見との間に一定の落差が認められ、体制転換後に信頼
感は薄らいだと見てよいだろう。これに対して準新世代、特
に新世代においては、その差は僅かである。ということは、
この世代は親から信頼を教えられた者が既に少なくなってい
るからである。

表4　親の教えと自分の意見（「大抵の人は信頼できる」の％）

	親の教え	自分の今の意見	差
新世代	29.9	29.0	0.9
準新世代	37.1	27.6	9.5
準旧世代	45.2	29.1	16.1
旧世代	52.3	33.9	18.4

　以上のデータを見るかぎり、次のような暫定的結論を得る
ことができよう。即ち、社会主義時代には人々の間の信頼感
はそれほど低くなかったが、体制転換後になってそれが低下
した、つまり現在のロシアで信頼感が低いとすれば、それは
優れて体制転換後の現在の特徴だ、ということである。
　この暫定的結論を支持するもう1つのデータがある。それ
は他者一般に対する信頼感の推移を示す時系列的調査結果で
ある（表5次頁参照）。これによれば、体制転換直前の1989
年には「信頼できる」が「用心が必要」を上回って過半数を
占めていたが、その後その関係は逆転して「用心が必要」が
増加し、1990年代末にはそれが多数を占め、「信頼できる」

は 20％台で低迷し、2010 年近くになってロシア社会の安定化と国民生活の向上を反映してか、「信頼できる」は多少の増加を示し、「用心が必要」はやや減少気味となっている。

表 5　他者一般に対する信頼感の時系列的変化

	1989	1991	1998	2005	2006	2007	2008	2009	2010
信頼できる	52	34	23	22	26	26	26	27	30
用心が必要	41	42	74	76	72	68	69	66	60

出　所：Legada-tsentr: Ezhegodnik <Obshchestvennoe mnenie>2010, Tabl. 3.5.2, p.33. (Dankin, D.M., "Doverie kak factor stabil’ nosti", in: Uchenye Zapiski IMEI, Tom 2, No 1, 2012, p.15 から引用)。なお表中では「わからない」「どちらともいえない」の回答比は含めていない。

このデータを踏まえるならば、先にみた世代間の差異は単なる個人の加齢に伴う意見変容の表れというよりも、むしろ、ロシア社会の体制転換との絡みで説明できるものと言ってよいだろう。

（2）　公的機関に対する信頼感

次に、公的機関に対する信頼感の分析に移る。

調査票の中では、「新聞」「テレビ」というメディアと、「警察」「連邦政府」「地方政府」「国会」「NPO/NGO」「医療保健施設」「社会福祉制度」といった公的・社会的機関を挙げて、これら 9 つの項目のそれぞれについて「あなたはどの程度、信頼できると思いますか」と問い、「非常に信頼できる」「ある程度信頼できる」「あまり信頼できない」「全く信頼できない」「わからない」という 5 つの回答選択肢を設けている。ここでは信頼度を量的に測定するため、「非常に信頼できる」に 1 点、「ある程度信頼できる」に 2 点、「あまり信頼できない」に 3

点、「全く信頼できない」に４点を与えて、４点法の尺度を作る（「わからない」はここから除外する）。そして各項目の回答の平均値を算出すると、**表６**が得られる。理論的には数値の中間値は 2.50 で、それより高い数値は信頼度が低く、それより低い数値は信頼度が高いことを意味する。

表６　公共機関等に対する不信度
（範囲：4.00-1.00、中間値 2.50）

	平均点	（順位）
警察	2.70	（７）
新聞	2.58	（５）
テレビ	2.25	（１）
連邦政府	2.43	（４）
地方政府	2.65	（６）
国会	2.73	（８）
NPO/NGO	2.94	（９）
医療保健施設	2.37	（３）
社会福祉制度	2.32	（２）

　この表の数値を見ると、2.50 より低いのはテレビ、社会福祉制度、医療保健施設であり、これらは不信感を抱く者より信頼感を持つ者の方が多いのだが、それでも「ある程度信頼できる」の水準（2.00）には至っていない。公共機関等への信頼感は概して低いと言える。とりわけ NPO/NGO、国会、警察の数値は 3.00 に近く、ほぼ「あまり信頼できない」の水準に位置する。

　なお、これら９つの項目間の相関関係を統計的に調べてみると、全ての項目間に有意な相関が認められる。したがって、これら９つの項目を統合して１つの変数に纏めあげることとし、それをまた４点法で示してみる（ここでも理論的中間値

は2.50で、それ以上は不信度が低く、それ以下は不信頼度が高い)。その尺度で世代別に求めた公的機関に対する不信度を測ると新世代2.49、準新世代2.60、準旧世代2.59、旧世代2.56で、新世代はそれより後の世代に比べて不信度が低い。

先にみた他者一般に対する信頼度では旧世代の方が新世代よりも高かったが、新体制下の公的機関に対しては、旧体制を経験した世代の方がむしろ不信感を抱いていると見られる。

(3) 友人に対する信頼感

ロシア人は不確実な環境の中にあって緊密で相互扶助的な友人関係を築いているという見方があるが、われわれの調査結果からは友人に対する信頼感はどのように描けるか。

表7を見ると、回答者全体の中で「友人を信頼している (いた)」という者は回答者全体の47.6%で、半数を下回る。したがって＜信頼で結ばれた友人関係の絆＞というロシア人特性のステレオタイプは現実には妥当しないかに見える。

表7　友人に対する信頼感

	信頼している	信頼していない	合計
新世代	55.7	44.3	100.0
準新世代	49.8	50.2	100.0
準旧世代	48.1	51.9	100.0
旧世代	34.8	65.2	100.0
全体	47.6	52.4	100.0

「友人を信頼している (いた)」の比率を世代別にみると、新世代で最も高く過半数を占め、準新世代と準旧世代では半数弱となっており、世代が上になるにつれて信頼度は下がり、

旧世代では全体の約３分の１に止まる。つまり、新体制下で育った新世代は旧体制を経験した旧世代よりも友人に対する信頼感を抱く者の割合が大きく、これは先にみた他者一般に対する信頼感の分析結果と対照的な傾向を示している。つまり、新世代は他者一般に対しては他の世代よりも用心深いが、友人に対しては他の世代よりも信頼感を持っており、旧世代とは逆な傾向を見せている。友人関係におけるその違いは生活体験の世代差よりも現時点における交際圏の年齢差が響いているかもしれない。。

　ところで世代という枠を取り払って回答者全体について「他者一般」「公的機関」「友人」という３つの次元の信頼感の相関関係を統計的に検定してみると、次のような点がわかった。

　第１に、友人に対する信頼感と他者一般に対する信頼感は有意な相関関係が認められない。この２つの信頼感はそれぞれ別物のようだ。

　第２に、友人に対する信頼感と公的機関に対する信頼感とは有意に逆相関している。つまり、友人に対する信頼感の持ち主は、公的機関に対してはむしろ不信感を抱いている。これはこの節の冒頭でふれたロシア人のステレオタイプとそれなりに符合する。

　第３に、他者一般に対する信頼感は公的機関に対する信頼感と順相関している。つまり、他者一般を信頼できると思っている者は、公的機関に対しても信頼感を持っている傾向がある。

　以上の３点は世代という枠を取り払って得た分析結果で

あるが、これまでの分析結果から敢えて世代別の特徴を要約するならば、旧世代と比べて新世代は他者一般に対する信頼感は低いが、友人に対する信頼感は高く、しかも新体制下の公的機関に対する信頼感も高い。旧世代はその逆の傾向を示している。ただし、世代ごとに見ると、、旧世代は公的機関の信頼度と他者一般の信頼度との間に有意な相関が認められるが、新世代ではそれが認められなかった。

⑷　一般的規範に対する態度

　本稿の冒頭部分で触れたように、ロシア人の社会的性格に関して、環境の不確実性を当然視して状況に応じて適宜行動をとり、法律や善悪基準など一般的規範や規則を無視する傾向があるというステレオタイプが描かれている。このステレオタイプの経験的妥当性について、世代間比較を入れながら検討する。

　調査票の中に「何が善で何が悪かについて次の２つの意見があります。あなたの意見はどちらに近いですか」という設問があり、「どんな場合でもはっきりとした善と悪の区別があり、それは全てに当てはまる」（善悪峻別論）と「大抵の場合はっきりとした善と悪はなく、その時の状況による」（状況次第論）という意見が掲げられており、そのほかに「その他」と「わからない」という選択肢が設けられている。

　その回答分布を世代別にみると、どの世代でも善悪峻別論は３割に満たず、状況次第論が約３分の２を占めている。この傾向がロシア人特有のものなのか、どの国でも見られる普遍的なものなのかは、他の国々のデータと比較しないと一概には言えないが、少なくともロシアでは状況次第論がどの

世代でも多数を占めているのは確かである。しかし、よく観察すると、状況次第論は新世代で多く、世代を遡るほど僅かながら少なくなる。つまり、新体制下で育ち成人となった人々の方が、どちらかといえばそれ以前の世代、とりわけ旧体制を成人として体験した人々よりも、状況依存的に行動を選択する傾向がやや多く見られる。

　次に法意識に関してはどうか。調査票の中の設問では、「法律はどんな時にも守るべきである」（遵法原則論）、「目的が本当に正しいものだと確信が持てる時には、法律を破ることもやむを得ない」（事例次第論）、「その他」、「わからない」という4つの選択肢があげられており、「あなたの考えはどちらに近いですか」と問うている。その回答分布を見ると、回答者全体のうち遵法原則論を採るものが6割を上回っている。ここで見る限り、ロシア人自身の多くは、「いたるところで法の網をくぐる」（袴田 1993：38）ことを善しとは思っていないようだ。

　しかし、世代間には差がある。遵法原則論を支持する者は旧世代に多くて73％を占め、それに続いて準旧世代で64％、準新世代で58％と、世代を追って少なくなり、新世代では57％で最も少ない。逆に事例次第論は新世代で最も多く（35％）、旧世代で最も少ない（19％）。

　以上の発見を要約するならば、善悪峻別論も遵法原則論も、新体制下で育った新世代よりも社会主義時代を経た旧世代の方が多く支持している。但し、状況次第や事例次第で行動を選択する者は回答者全体で見ると少ないが、世代別に見るとそれは若年層において相対的に多い。一般に民主的市民

社会では万人が普遍的価値規範とそれの遵守を前提として行動することで信頼が成り立つという見解があるが、ここでのロシアのデータからすれば、普遍的価値規範とそれの遵守を支持する層はむしろ社会主義体制下の生活を経験した世代に多く、民主的市民社会を目指した体制転換後の時代に成人になった世代では、そのような層は相対的に少ない。

　次に信頼感の３次元と遵法観・善悪観の関連を相関分析で探ってみると、表８のようになる。

表８　信頼感の３レベルと遵法観・善悪観の相関関係

	遵法観	善悪観
友人に対する信頼感	逆相関あり	相関なし
他者一般に対する信頼感	相関なし	相関あり
公共機関等に対する信頼感	相関あり	相関なし

　この表を見ると、遵法観は他者信頼感とは無相関であるが、公的機関信頼感とは順相関しており、友人信頼感とは逆相関している。つまり、遵法精神が強い者は公的機関に信頼感を持っている。一方、法の普遍原則を尊重する度合いが低く、個別事例に即して選択的に行動する傾向は、友人に信頼感を持つ者に多い。

　法という客観化された外在的規範を絶対的に遵守するかどうかということと、善悪の基準を明確に内面化させてそれに照らして行動するかどうかということとは、心理的に別次元に属するのかもしれない。先の表でみると、善悪観は遵法観と違って公的機関信頼感とも友人信頼感とも無相関である。しかし、それは他者信頼感とは有意に相関しており、他者信

頼感を持つ者は善悪基準を絶対化している者に多いという傾向がある。そして他者信頼感も善悪峻別論も、社会主義時代を体験した旧世代に多い。

(5) 生活の豊かさとの関係

最後に３つのレベルの信頼感と生活の豊かさとの関連を探る。ここではデータの制約上、生活の豊かさを「生活満足度」に置き換えて、「非常に満足」と「だいたい満足」を合わせて＜満足＞として１点、「わからない」を２点、「どちらかといえば不満」と「不満」を＜不満＞として３点を与えて、３点法で測定する。そして信頼感の各レベルとの相関関係を統計的に探ると、次のような結果が得られた。

まず、生活満足度は他者への信頼感や公的機関への信頼感と無相関である。つまり生活満足度が高いからといって、他者一般や公的機関に対する信頼が高くなるわけでも低くなるわけでもない。しかしそれは友人信頼感と有意な相関を見せている。生活満足度が高いものほど、友人に対する信頼度は高いのである。要するに、生活満足度が高くなれば友人信頼度は高まるかもしれない（或いは友人への信頼感がある者は生活にも満足している）が、他者一般や公的機関に対する信頼度が高まるとは言えない。

なお、生活満足度と世代との関係を問うと、統計的に有意な相関が認められる。つまり、新世代は他の世代に比べて生活満足度が高く、旧世代になるほどそれは低い。

(6) 職業・学歴・宗教との関連

さらに付帯的変数として職業、学歴水準、宗教信仰を取り上げて、それらと他者一般への信頼度との関連を見ておきた

い。

　ロシア社会の職業構成は体制転換後かなり多様化した。ここで職業従事者（無業者を除く）を次の7つのグループに分けて信頼度の分布を見てみる。

　自営・家族従業者：農林漁業、商工サービス業、自由業

　雇用者：経営・管理職、専門・技術職、事務職、現業労働職

　ここに取り上げた職業階層のどれにおいても「用心」が「信頼」を上回っているが、特にそれが顕著なのは自営業主またはその家族従業者の中の「商工サービス業者」と、雇用者の中の「経営・管理職」である。つまり市場経済の最前線に立っている階層である。それに次いで「用心」が多いのは「事務職」と「労務職」、つまり一般雇用者である。これらに対して「信頼」が比較的多く見られるのは「自由業」、「専門・技術職」である。

　次に学歴水準との関連で「信頼」と「用心」の回答分布を見てみると、どの学歴層においても「用心」が60％台で、「信頼」（30％前後）を上回っているが、その中でも「信頼」が他よりも僅かながら多く見られるのは低学歴層（それでも僅か33％）である。

　宗教に関しては、ロシアでは（他の脱社会主義諸国でも同様だが）体制転換後に信仰の自由が公認され、教会の活動が活発になり、礼拝に通う老若男女が顕著に増え、信者の浄財による聖堂の新改築が各地で見られるようになった。このような宗教現象は人々の社会的信頼の広がりをもたらしているのだろうか。他者一般に対する信頼度の違いを宗教信仰心の有無との関連で探ると、両者の間には統計的な有意な差が認め

られない。「他者一般を信頼できる」と答えた者の中で「信仰心がある」という者は28％、「信仰心がない」という者の場合は26％で、宗教信仰心を持っていようがいまいが、他者一般に対する信頼感の水準にはほとんど差がないのである。

D　この節の総括

　総括に当たって最初に触れておきたいが、本稿の分析で用いたデータはアンケート方式による意見調査から得られたものである。したがって、ここで対象としている信頼感も、調査の回答者が自国の文化の中で内面化した評価基準で判断し回答しているものである。それゆえ、例えば外国人の評価基準からすれば到底容認できないことでも、ロシア人にとっては日常の当然な事柄として受け入れている場合もありうる。つまり、ここで扱ったロシア人の信頼感は、ロシア人固有の生活世界の中から表現されたものであって、アメリカや日本など他国の基準、あるいは一般的抽象的基準に基づいて表現されたものではない。本稿で分析したのは、ロシア人の生活世界の表現としての信頼感であり、そこから得られた結論もその限りでの妥当性しか持ちえない。

　まず分析結果の要約をするならば、社会主義時代には人々の間の信頼感はそれほど低くなかったが、体制転換後になってそれが低下した、つまり現在のロシアで信頼感が低いとすれば、それは優れて体制転換後の現在の特徴だということを指摘できる。これは他者一般に対する信頼感の世代間分析や時系列データからも推測できることである。しかし、公的機

関に対する信頼感はむしろ体制転換後に育った若い世代のほうが高い。そしてこの若い世代は年配の世代よりも友人に対する信頼感も高く、自由化した新社会の中で一般的倫理規範に囚われずに状況依存的な行動をとる傾向がある。

　ところで本章の冒頭部分で紹介したが、ロシア人は狭い友人関係を準拠集団とし、それは強い信頼関係で結ばれているが、その外側の他者や機関・制度に対しては無関心あるいは猜疑心を抱き、脱法的行為をいわば当然視しているという見方がある。本稿の分析結果によれば、友人に対する信頼度は遵法意識の高さとは逆比例の関係にあり、友人関係という私的領域と、外部社会の公的領域とが反対方向のベクトルをなしているという意味で、その見方を支持している。若い世代に限定して言えば、それより上の世代に比べて友人信頼度が高いが、それは法律遵守よりも状況判断を、そして善悪を峻別する価値基準よりも所与の事例に即した判断を優先させる価値態度と、有意に相関している。この世代は生活満足度が他世代より高いが、だからといってそれが他者一般への信頼の高まりをもたらしているわけではない。生活満足度の高さは、3つの信頼感レベルのうち、友人に対する信頼感の度合いとのみ相関している。

　私的領域と公的領域との離反性は、仮にロシア人一般に多かれ少なかれ認められるとしても、それがより明示的に看取されるのはむしろ新体制下で育った新世代においてであり、社会主義体制を経験した旧世代はそれとはやや異なる信頼感パターンを示している。旧世代は他の世代、特に新世代と比べて他者一般に対する信頼度が相対的に高く、法律の遵守と

善悪の峻別という点でも水準が高い。この世代は私的領域を超える外部の領域にまで信頼の対象範囲を延ばしていたと見てよい。実際、先に表5で示した信頼感の時系列変化に見られたように、他者一般に対する信頼感の低さは体制転換後に顕著になった現象であり、それ以前には必ずしもそうではなかった。また、旧世代の過半数は社会主義時代に親から他者一般に対する信頼感を教えられていたのである。

　以上の総括部分で信頼感パターンの世代間差異を描いてみたが、その差異はミロノフが指摘するような世代間葛藤（Mironov 2012）に導くほどのものではなく、やっと統計的に見出せる程度の相対的なものである。体制転換後社会の諸過程がさらに進み、導入された諸制度がさらに定着して良好に機能し、人々の生活がそれに適応していくにつれて、信頼感に関する世代間の差異も変容していくかもしれない。しかし、いずれにせよ、本稿の冒頭でみたようなロシア社会観、即ち現在のロシアにおける信頼感の低さは社会主義体制の所産だという見方は、本稿での分析結果を見るかぎり、そのままでは受け入れがたい。

3　チェコの事例

A　視　点

これまでの章で述べてきたことの反復になるが、第2次大戦後40年以上にわたって社会主義陣営に属していた中欧・東欧諸国の中で、チェコの特殊性を考慮する必要がある。

　チェコは社会主義化する以前の段階において、少なくと

も次の2点において他の中欧・東欧諸国とは異なる独自の歴史的経験を経ていた。第1に、先進的な民主主義と市民社会を実現していた点、第2に、一定の経済発展と工業化を達成していた点である。その国に第2次大戦後、民主主義の伝統を欠き、未発達な産業構造を抱えたロシアでモデル化された社会主義体制が持ち込まれ、政治的にも経済的にも、そして人々の日常生活面でもその体制の機能障害が広がった。

　こうしたチェコ的状況下で、この国の民衆の現存社会主義に対する批判と反感、さらに脱社会主義志向は強かったと言える。このことは、社会主義体制に代わる新しい政治システムと経済をどう評価するか、つまり、社会主義時代の方が良かったか脱社会主義化した現在の方が良いかという問に対して、他の旧社会主義諸国に比べて特にチェコでは多くの

表9　体制転換後の政治と経済に対する
　　　肯定的評価者の比率（％）（1993年調査）

	政治システム	経済
チェコ	70	55
ブルガリア	55	25
ハンガリー	43	29
リトアニア	56	39
ルーマニア	68	32
スロヴァキア	57	34
スロヴェニア	71	36
ベラルーシ	35	15
ウクライナ	25	4
クロアチア	42	2

　出所：MAGYAR HIRLAP 紙、1993年7月7日。

人々が体制転換後の現在の方を肯定している点からも窺える。新体制に入って3年経った時点で行われた世論調査の結果（表9、前頁）が、既にこれをよく示している。

　また、別な調査結果によれば、チェコ人の間で社会主義時代以前の大戦間に確立されていた第1共和制の時代を肯定的に評価する者が約7割を占めるのに対して、社会主義時代に関しては約7割が否定的評価を下している（表10）。

表10　チェコ人の時代評価（2009年調査）

	肯定的評価	否定的評価
第1共和制時代（大戦間）	69.7	15.8
1948年－50年代	13.5	73.7
プラハの春（1968年）	54.8	34.7
1968年8月－80年代	21.0	70.6
1989年末－現在	59.9	38.9

出所：Šubrt（2010）

　要するにチェコでは、脱社会主義が他の中欧・東欧諸国よりも多くの人々によって正当性を与えられたと見ることができる。

　しかしこれが、社会主義体制崩壊後において信頼状況の回復ないし醸成をもたらしたかどうかは、別問題である。1998年の国際比較調査によれば、チェコは政府に対する信頼の水準が西欧はおろか中欧の平均水準と比べても低く、また、他人に対する信頼は、中欧の平均水準よりもやや高いとはいえ、西欧に比べるとかなり低い水準にある（Brokl and Mansfeldová 2002: 239）。シチェチン大学（ポーランド）の国際比較研究プロジェクト〈2010年〉で行われたロシア、ウ

クライナ、ポーランド、リトアニア、チェコの学生意識調査によると、他者に対する信頼度が最も低いのはチェコであった（Kitaitseva & Kuchenkova 2013）。

ここで問題となるのは、信頼水準のこの低さが、社会主義体制下に生きた世代がその批判的価値態度を脱社会主義の社会においても持ち続けていることによるのか、また、若い脱社会主義世代もその価値態度を継承していることによるものなのか、という点である。この点を問うとすれば、チェコにおける「信頼」を問題として取り上げるうえで、先にロシアの分析で用いたように、「世代」を変数とした分析が要請されてくる。

さらに、体制転換は人々の就労条件と生活状況をも大きく変え、新しい「成功者」と「敗北者」とを生みだし、人々の間に経済的・社会的格差を拡大し、市場経済に対応した社会的階層構成を作り出した。政治システムや行政機構に対する、そして他人に対する信頼の低さは、階層分化した人々の中のどの層によってもたらされているのか。この点を分析の視野に入れるとすれば、「職業」と「収入」を変数として採用する必要があるだろう。

以上で「社会主義—脱社会主義」という分析軸の意義に触れてきたが、もう1つ、チェコにおける信頼状況を観察する際、チェコ特有の宗教事情を考慮に入れて、「宗教的—世俗的」という軸からのアプローチが意義を持つと思われる。

ポーランド、ハンガリー、スロヴァキアという近隣の国々では、カトリック信者が国民の多数を占めており、特にそれはポーランドにおいて顕著である。ところがチェコでは無信

仰人口が国民の6割以上を占めている。因みにスロヴァキアにおける無信仰者の比率は、2004年国勢調査によると9.7%である。佐々木正道の主幹による調査結果（佐々木編 2014：304）からも、チェコは無信仰者が際立って多い国であることが見てとれる。その比率はトルコ3.7%、アメリカ18.7%、ロシア19.4%、台湾35.8%、ドイツ42.3%、日本69.6%に対して、チェコでは74.8%を占める。

　チェコで無宗教・無信仰者が多い理由は、しばしばチェコ民族の歴史的経緯から説明される。

　チェコではマルチン・ルターの宗教改革に先駆けること100年も前の15世紀の初め頃に、ヤン・フスがカトリック教会の腐敗を批判しキリスト教の真髄に帰ることを説いて、多くの信者を惹きつけた。フスは火刑に処せられたが、その死後、信者は教団を結成して中欧各地に布教活動を展開しただけでなく、チェコおよびスロヴァキアの幾つかの地域で万人平等のコミューンを打ち立てて新しい社会の建設に取り掛かった。これに対して旧体制の維持に利益づけられたオーストリアの権力者とチェコ国内の保守勢力はカトリック教会を支持して弾圧をもって臨み、遂にフス主義者の運動は壊滅した。チェコではフスは民衆の指導者として、今でも国民的英雄と見做されており、1992年の調査によればその人気度はトマーシュ・G・マサリク（チェコスロヴァキア共和国初代大統領）、カレル4世（中世ボヘミア王国の栄光を築いた国王、同時に神聖ローマ帝国皇帝）、エドワルド・ベネシュ（チェコスロバキア共和国2代目大統領）に次いで、4位にランクされている（Holý 2001: 121）。

また、チェコ史上、最も重要な時期はいつだったかという質問に対して、第2次大戦終結の翌年に当たる1946年の世論調査では、フスの時代(1419 – 37)という回答が最も多く、2番目はカレル4世の時代、3番目は現在(1945 – 46)であり、「プラハの春」の最中の1968年に行われた世論調査では最も多かった回答は第1共和制時代(1918 – 38)、そして2番目に多かったのはフスの時代で、3番目はカレル4世時代であった(Šubrt et al 2010)。フスとその時代はチェコ人にとって、チェコ民族の歴史の中で極めて大きな位置を占めている。

　しかし、フス運動が壊滅させられた後にチェコの民衆の中に広がったのは、宗教的アパシー（感情鈍麻、無関心）であった。そのアパシーにイデオロギー的根拠を付与したのが19世紀の「チェコ民族再生への覚醒」運動であり、その先駆的イデオローグはフスとその後継者達による宗教改革をチェコ史の頂点と見なし、そこにチェコ精神の世界的な意義を見出した（石川（達）2010：367）。そしてその民族再生の精神過程において、「ローマ離れ」とカトリック教会拒否が促された（Nešpor 2010：207-210）。これに物質的基盤を提供したのが、19世紀後半からの工業化と近代化であり、それに促されて広がった世俗的価値に基づく生活態度であった。

　第2次大戦後に布かれた社会主義体制を宗教離れと世俗化の要因と見なすことは、必ずしも妥当ではない。確かに共産主義イデオロギーでは「宗教はアヘン」とされ、それの排斥が思想的にも政策的にも遂行されたが、カトリック教の牙城をなしていたポーランドだけでなく、ハンガリーやスロヴァキアなど、チェコに隣接する中欧諸国では、宗教弾圧が行

われたにもかかわらず人々の宗教離れはそれほど広がっていない。チェコにおける宗教離れと世俗化は、もっと歴史に深く根ざしていると見られる。

このようなチェコ特有の宗教離れと世俗的生活態度の広がりは、人々の信頼関係にどのような特徴を与えているか。チェコにおける信頼の状況を探る際、この「宗教的―世俗的」という文脈からの理解も意味を持つと思われる。

B　分析の方法

以上の前提的考察を踏まえて、本節では、「世代」「職業」「収入」「宗教」を分析の戦略的変数として取りあげ、付帯的変数として「性別」と「学歴」を加え、信頼感を関数として分析してみる。分析の素材は、2010 年に実施された「グローバル化時代における『信頼感』に関する実証的国際比較研究」（佐々木編 2014）の中のチェコ調査データで、その中で分析対象とした回答者数はチェコ国民の成人 981 人である。

この分析対象者を上の諸変数ごとにカテゴリー分けして、その構成を示しておく。

世代については前節でロシアの分析において用いた区分方法に準じて、調査時点での年齢によって回答者を次の 4 つのグループに分ける。

1．20 - 29 歳：この年齢層はほぼ 1980 年代に生まれ、10 歳代で社会主義体制の崩壊を体験し、脱社会主義下で青春時代を過ごしてきた（「新世代」）。

2．30 - 44 歳：この層は社会主義時代に青春時代を過ごし、働き盛りの時期を社会主義崩壊後の新時代で送っている

（「準新世代」）。

　３．45 − 59 歳：この層は既に社会主義時代に働き盛りの
一定の時期を過ごし、体制転換後、年齢的に社会の中堅層を
なしてきた。彼らが過ごした社会主義時代は、「プラハの春」
（1968 年）が挫折した後の「正常化」の時期と重なる（「準旧
世代」）。

　４．60 歳以上：この層の主な部分は人生の主要な部分を
社会主義時代に過ごし、現在は年金生活に入っている。社会
主義体制を身をもって体験してきた世代である（「旧世代」）。

　回答者中の各グループの比率は、「新世代（20 − 29 歳）」
20%、「準新世代（30 − 44 歳）」28%、「準旧世代（45 − 59 歳）」
28%、「旧世代（60 歳以上）」24% で、おおよそ４等分されて
いる。

　職業は次の７つのグループに分ける。

　１．「自営業主・家族従業者」層は社会主義時代にはほと
んど存在せず、体制転換による市場経済導入の中で急増した。
ここには農業従事者や商工業従事者のほかに、専門的自由業
者も含まれる。

　２．「管理職、専門・技術職」は企業や公共機関の中で上
級に位置する雇用者層である。現体制の中核を担っている層
と言える。

　３．「事務職」は企業や公共機関の組織の中で中間層をな
す。

　４．「労務職」はかつて「労働者階級」の中核部隊として「社
会主義社会の主人公」と謳われていたが、社会主義体制崩壊
後その威信と経済的地位は著しく揺らぎ低下した。

5．「無業者」は専業主婦、学生、失業者など、異質なグループからなる。

　6．「年金生活者」は先に挙げた「旧世代」と重なる。社会主義体制崩壊後、年金生活は不安定になった。

　7．「その他」は分析対象から外す。

　職業別の回答者構成は、「自営業主・家族従業者」11%、「管理職、専門・技術職」11%、「事務職」12%、「労務職」28%、「無業者」12%、「年金生活者」25%、「その他・無回答」1%となっている。

　収入は家族の年収の相対的な高さから次の4つのカテゴリーに区分とする。

　1．「低所得層」(130.000 コルナ以下)

　2．「準低所得層」(130,001 − 230,000 コルナ)

　3．「中所得層」(230,001 − 350,000 コルナ)

　4．「高所得層」(350,001 コルナ以上)

　回答者中に占める各グループの比率は、「低所得層」13%、「準低所得層」19%、「中所得層」20%、「高所得層」18%で、残り30%は回答拒否または無回答である。

　宗教に関しては、宗教信仰者と無信仰者とに大別する。回答者中、無信仰者は75%を占め、信仰者25%を大きく上回っている（因みに宗教信仰者の中の83%はカトリック信者で、プロテスタントは8%、残りはその他または無回答である）。信仰者と無信仰者の個人的客観属性の異同を把握するとともに、両者間で社会的信頼感にどんな差があるかを探ることが、この節の後半部分での分析課題になる。

　なお付帯的変数として取り上げるもののうち、性別の構

成比は男性49%、女性51%でほぼ同数であり、学歴は4つのグループに区分し、それぞれの比率は「低学歴：中学校未了または修了」18%、「準中学歴：高等学校未了」40%、「中学歴：高等学校修了」28%、「高学歴：高専・大学・大学院修了」14%である。

　以上の変数に対して関数として取り上げるのは、政府に対する制度的信頼感と、他者に対する人格的信頼感の2つである。

　政府に対する信頼感は、調査票の設問「次に挙げる事柄について、あなたはどの程度、信頼できると思いますか」の中の「政府」に関する回答分布から測定する。その回答分布は「非常に信頼できる」2%、「ある程度信頼できる」27%、「あまり信頼できない」38%、「全く信頼できない」30%、「わからない」3%となっている。信頼感は概して低いと言っていい。

　統計処理においては「わからない」と無回答を除く。測定においては「非常に信頼できる」を＋2点、「ある程度信頼できる」を＋1点、「あまり信頼できない」を－1点、「全く信頼できない」を－2点として加重平均を求め、その結果を2で除した。したがって範囲は＋1（信頼できる）から－1（信頼できない）までとなり、理論的中間値は0である。

　他者に対する信頼感は3つの設問に対する回答の総合点で測定する。

　1つ目の設問は「大抵の人は、他人の役に立とうとしていると思いますか、それとも自分のことだけを考えていると思いますか」で、回答のうち「他人の役に立とうとしている」を＋1点、「自分のことだけを考えている」を－1点として、

「その他」と「わからない」と無回答を非該当として除く。

　もう１つの設問は「他人は、機会があれば、あなたを利用しようとしていると思いますか、それともそんなことはないと思いますか」で、回答のうち「他人は機会があれば自分を利用しようとしていると思う」を－１点、「そんなことはないと思う」を＋１点とし、「その他」と「わからない」と無回答は分析非該当として除く。

　残りの１つの設問は「あなたは、大抵の人は信頼できると思いますか、それとも、用心するに越したことはないと思いますか」で、回答のうち「信頼できる」を＋１点、「用心するに越したことはない」を－１点とし、「その他」「わからない」無回答を非該当として分析から外す。

　因みに、これら３つの設問における回答のうち、「そう思う」とする者の比率は「大抵の人は他人の役に立とうとしている」で19％、「大抵の人は信頼できる」で22％となっていて、否定的な回答が多数を占め、反対に「他人は機会があれば自分を利用しようとしている」は51％で多数意見をなしている。これら３つの設問に対する回答分布は、信頼感の低さを示していると言える。

　なお、これら３つの設問への回答分布は明らかに有意に相関している（ピアソンの相関係数で有意確率 .000）。それ故この３つを統合して１つの「他者に対する人格的信頼感」の尺度を構成する。手順としては、３つの設問それぞれの得点（＋１か－１か）を合計して（理論的には＋３から－３までの間に分布する）、それを最高＋１点、最低－１点に計算しなおす。これによって各回答者の得点は＋１点から－１点ま

での範囲内に分布することになる。つまり、理論的には信頼感の最高水準が＋1.000、最低水準が－1.000となる。

　以下の分析では、まずは前に挙げた6つの変数とこれら2つの関数との間の関連を探ること、次いで宗教信仰との関連を追究することが課題となる。

　C　分析結果
　⑴　世代と信頼感

　先にロシアのデータ分析の際に行ったのと同様に、社会主義世代と脱社会主義世代に着目して4つの世代を設定し、世代の違いによって信頼感の水準に差があるかどうかを探る。

　世代別に政府に対する信頼感と他者に対する信頼感の水準を、－1.00（最低）～ +1.00（最高）の範囲で示すと、表11のようになる。

表11　世代別にみた信頼感の水準（範囲：-1.00 ～ +1.00）

	対政府	対他者
20 － 29 歳（新世代）	-.347	-.484
30 － 44 歳（準新世代）	-.298	-.445
45 － 59 歳（準旧世代）	-.345	-.487
60 歳以上（旧世代）	-.363	-.431

　これを見ると、どの世代でも政府に対する信頼感と他者に対する信頼感は共に低く（.000 を下回っている）、特に他者に対する人格的信頼感が低い。人々は政府に対して不信を持っているが、それにもまして他者一般に対する不信感が顕著である。

　世代別にみると、60歳以上（社会主義期世代）では新体制

下の政府に対する不信感は最も高いが、他者に対する不信感は最も低い。これに対して10歳代から25歳代前半の多感な時期に体制転換を経験した過渡期世代では、政府に対する不信感が低い一方、他者に対する不信感も相対的に低い。しかしそれよりも若い脱社会主義世代になると、政府に対する不信感も他者に対する不信感も、また高くなる。しかし、世代間ではこのような差が見られるものの、その差は必ずしも顕著だとは言えない。世代の違いと対政府、世代の違いと対他者の信頼感の水準には、それぞれ統計的な有意差が認められないからである。

(2)　世代以外の個人属性との関連

次に世代以外の個人属性の違いと信頼感の水準との関連を統計的に探ると、次の点が見てとれる。

①性別にみると、女性よりも男性の方が政府に対しても他者に対しても不信感を持っている。

②学歴別にみると、対政府も対他者も不信感の程度は学歴水準にみごとに沿っており、低学歴層ほど高く、高学歴層では低い。

③収入別にみると、これも所得水準の高さに沿っており、不信感は低所得層ほど多く、高所得層ではそれほどでもない。

④職業別では、政府に対する不信感が特に多いのは労務職、次いで年金生活者であり、他者に対する不信感が多いのは自営業主・家族従業者と労務職である。市場化した新しい経済社会の中で単独で激しい競争場裏に置かれている自営業者の対人不信感は、特に高いようだ。反対に政府に対しても他者に対しても相対的に不信感が低いのは、組織体の中で上級な

いし中間の地位を占める管理職、専門・技術職、事務職である。無業者もそれが低いが、これは主婦、学生、失業者など雑多な部分からなるので、特徴づけが難しい。

　なお念のため、これらの個人属性と対政府および対他者信頼感の水準との間の相関関係を統計的に検定してみると、結局、有意な相関が見られるのは学歴ということになる。また、学歴は年齢・世代、職業、収入とかなりの確率で相関しているから、年齢・世代、職業、収入における信頼感水準の違いは、学歴差に還元されると見ていい。つまり若い層ほど、上層職業従事者ほど、高所得者ほど学歴が高い。そして学歴が信頼感の高さと最も直接的に結びついていると言える。

　「社会主義―脱社会主義」という軸で世代を区分し、その世代間で信頼感の水準に差があるかもしれないという予想は、先の観察では必ずしも確証されなかったが、より決定的な差は学歴の違いにあることがここで確認された。また、脱社会主義の現在においてどんな職業に属し、どの程度の収入を得ているかということでも信頼感の差が認められるが、この場合でもより決定的なのは学歴である。

（3）　宗教的信仰の有無と信頼感

　次に「宗教信仰―無信仰」という軸での分析をしてみる。

　先に触れたように、チェコは宗教的信仰を持たない人の比率が高い点で、ヨーロッパでトップクラスの国である。この国で宗教的信仰を持つ者と持たない者との間で、信頼感の高さにどんな差があるか。

　回答者に関して、信頼感の水準を－1.00（最低）から＋1.00（最高）の範囲で示すと、表12のようになる。信仰者

も無信仰者もその数値が 0.00 を下回っていて、両者ともに政府に対しても他者に対しても不信感を抱く者が多いことがわかるが、その不信感の度合いは無信仰者の方が大きい。チェコ社会では宗教離れが顕著であるが、とりわけ宗教離れしている者の間で不信感が広がっており、特に他者に対する不信感が大きい。

表12　宗教的信仰の有無別にみた信頼感
の水準（範囲：－1.00〜+1.00）

	対政府	対他者
宗教信仰者	-.297	-.417
無信仰者	-.350	-.474

　しかし、この信仰者と無信仰者との信頼感水準の差は、統計的に検定すると有意ではない。無信仰者の方が不信感は高いといっても、それは統計的検定では表れないほどの差なのである。

　因みに無信仰者の比率を見ると、性別では男性、年齢別では若年層、学歴別では中・高学歴層、収入では高所得層で高いが、それにも拘わらず職業別でみると労務職で高い。反対に信仰者の比率が高いのは、高齢層、低学歴層、低所得層、年金生活者であるが、それでもこれらの層のどれにおいても信仰者比率は 50% に満たない。

　これらの個人属性と宗教的信仰の有無との相関関係を探ってみると、宗教信仰の有無と有意に相関しているのは性別、年齢・世代、収入で（職業は順序尺度に乗らないのでここでの分析から外した）、学歴は有意な相関を示していない。学

歴差は他の属性ほど宗教信仰の有無とは関連していないと見られる。

　先の分析結果では、信頼度の水準に最も強く関係しているのは学歴であった。しかし上で述べたように学歴は統計的に見て宗教的信仰の有無と相関していない。また、信仰者と無信仰者の間には信頼感水準に多少の差が認められるとしても、それは統計的に見て有意な差ではない。したがって、信頼感の水準と宗教信仰の有無とは、一応別次元のものであると見られる。そうだとすれば、チェコ社会の宗教離れと世俗主義は、必ずしも政府に対する制度的信頼感も他者に対する人格的信頼感も、特に低めても高めてもいないと言ってよいだろう。

(4)　この節の総括

　本節ではチェコにおける社会的信頼感の特徴を、「社会主義―脱社会主義」と「宗教信仰―無信仰」という2つの文脈で捉えようとした。

　まず、「社会主義―脱社会主義」の文脈では、先行研究によれば、本章の冒頭部分で触れたように、社会主義体制は人々の政治行政システムに対する信頼規範と対人的な信頼規範を崩壊させたこと、実際、社会主義体制を経験した中欧・東欧地域では現在でも社会的信頼の水準が西欧に比べて低いことが指摘されている。佐々木正道主幹の調査（佐々木編 2014）では中欧・東欧地域からチェコを取り挙げているが、その調査結果によれば、政府に対しても他者に対しても、信頼感を持つ者よりも不信感を持つ者の方が顕著に多い。

　これは社会主義体制の負の遺産と言えるか。我々は当初、

人生の大半において社会主義体験を持つ世代とその後の世代とでは、信頼感の水準において差異があるかもしれないという仮説を用意した。そして調査対象者を社会主義世代（旧世代）、社会主義末期社会（準旧世代）、過渡期世代（準新世代）、脱社会主義世代（新世代）に区分して、信頼感の水準を測定してみた。ところが統計的に検定してみると、世代の違いと信頼感の水準との間には有意差が見出せなかった。したがって、社会主義を体験した世代が不信感を大きく引きずっていて、それが現在のチェコにおける不信感の高さを支えている、という見方には賛同できない。因みに職業別にみると、むしろ体制転換後に出現した自営業主・家族従業者層において、他者に対する不信感が顕著に表れている。

　職業別にみて不信感の水準が相対的に低いのは、企業や公共機関の組織内にあって管理職や専門・技術職や事務職に就いている人達（逆に不信感が高いのは労務職）であり、また、収入の高さからみると高所得層ほど不信感の水準は低い。脱社会主義の新体制に比較的成功裏に適応し、良好な安定した就業と生活を確保している層において、不信感が高くないと見られる。そうだとすれば、不信感の水準は、世代の違いよりもむしろ、現在の社会経済的地位の如何に関係していると言えよう。

　だが、その社会経済的地位の如何は、学歴の高さによって媒介されていると言える。確かに職業や収入の違いで信頼感の水準に差が見られるが、それが顕著に表れているのは学歴の違いにおいてである。しかも信頼感の水準の高さを関数としてそれに有意に相関する変数を探ると、浮かび上がるのは

先ずは学歴である。つまり、脱社会主義の現在においてどんな職業に属し、どの程度の収入を得ているかということでも信頼感の差が認められるとはいえ、より決定的なのは学歴の高さであり、学歴が低い層ほど不信感が大きい。

　次に「宗教信仰―無信仰」の文脈で信頼感の水準を検討してみると、信仰者と無信仰者との間で信頼感の水準に多少の差が認められたものの、統計的に検定してみると、両者の間には有意な相関は見出せない。つまり、宗教信仰の有無と信頼感の高さとはあまり関連がないと言ってよい。先に見たように、信頼度の水準に最も強く関係しているのは学歴であるが、統計的検定によれば学歴と宗教的信仰有無とは必ずしも相関してはいない。したがって、信頼感の水準と宗教信仰の有無とは、一応別次元のものだと見做してよいだろう。そうだとすれば、チェコの人々の信頼感の低さは、チェコ社会に特徴的な宗教離れと世俗主義的生活態度から派生しているものとは認めがたい。この発見は、宗教信仰者は無信仰者と比べて信頼感が高いという、2008年調査データによる先行研究の説（Sedláčková 2012）とは異なる。本稿での発見によれば、チェコの人々の政府に対する制度的信頼感も他者に対する人格的信頼感も、宗教的信仰の有無とは別な要因によってかなり規定されている。その主なものは、本稿での分析結果からすると、学歴水準である。不信感は特に低学歴層において顕著であり、また、これと関連して、職業別にみると労務職において多く見られる。

4　全体の総括──ロシアとチェコ

　本章の主要な課題は、かつて強力な社会主義体制を布いていたロシアとその影響下にあったチェコを事例として取り上げ、これらの国での信頼水準が北米や西欧と比べて低く表れているのはかつての社会主義の履歴効果によるものか、あるいは社会主義体制崩壊後のアノミー状況から派生しているものなのかを、世代間比較によって追究することにあった。

　本稿での分析で得られた発見からはどう言えるか。

　ロシアのデータから把握できたのは、社会的信頼水準の低さが特に顕著となったのは体制転換後だという点である。これは主として、長年続いた社会主義体制が崩壊した後のアノミー状況の広がりから説明することができよう。因みに体制転換後の混乱が一定の収拾をみて生活満足度が広がりを見せた 2010 年頃の世論調査によると、信頼水準はある程度向上を示している（前掲表 5 参照）。そうだとすれば、ロシア社会における信頼水準は、有意に生活状況によって説明できると思われる。

　ところがチェコでは、体制転換の前と後とで信頼感の水準に有意な変化は見られず、一貫して低水準で推移している。チェコの社会学者の解釈によれば、社会主義時代の監視社会の中で不信が蔓延し、それから脱却した新社会では期待に反して混乱と不安が蔓延して新型の不信が広がり、体制が変わっても不信の水準は高いまま推移したという（Sedláčková 2012）。しかし体制転換から既に 4 半世紀も経て新体制が軌

道に乗り、社会生活も個人生活も順調に向上してきた現在、信頼感の低さがなお続いている（Sedláčková 2012b：212-213）のはなぜか。政治経済的な体制要因だけでなく、文化的・心理的要因、例えば民族の歴史に根差したチェコ人の「懐疑主義」的性向からなのか。さらなる分析が求められる。

　では宗教との関係はどうか。チェコは無宗教・無信仰者の人口比が高い国柄であるが、信頼水準に関して信仰人口と無信仰人口との間に有意な差は見られない。ロシアにおける信仰人口比はチェコよりかなり大きいが、しかしそこでもやはり信仰人口と無信仰人口との間に信頼水準の差がほとんど認められないから、これら２つの脱社会主義国における社会的信頼の水準は宗教による影響を受けていないと言ってよいだろう。

　なお、チェコは現在においても所得格差が小さく（前章参照）、国民内部の文化的同質性が高い社会であるが、この社会における全般的な信頼水準の低さの中でそれが比較的顕著なのは、低学歴層、労務職従事者層である。体制転換後の社会で特に低水準の信頼感が見出されるのは、市場化した経済社会の下層に滞留している人々であることが窺われる。ところがロシアでは、他者一般に対する信頼水準が低いのはそのような層ではなく、むしろ市場経済の最前線に身を置く自営商工業者や企業の経営者・管理者である。チェコとロシアとでは、社会的信頼の水準に関して、社会構造と経済状況の体制転換後における相違が有意に反映していると言えよう。

第6章　中欧諸国民のロシア観
——歴史記憶と世論の動向

1　序　論

　第2次世界大戦が終わって間もなく始まった東西冷戦の下でヨーロッパが東と西に分断され、資本主義陣営と社会主義陣営に分かれて厳しい対立関係の中に置かれた時、中欧の国々（当時はチェコとスロヴァキアは「チェコスロヴァキア」として1国をなしていた）はソ連の勢力圏に置かれて東側の陣営に繰り込まれ、「東欧」諸国とされた。その「東欧」の国々の民は、自らの手による民主的国造りを求めてはその挫折の悲哀を経験してきた。1956年のハンガリー民衆蜂起、1968年のチェコスロヴァキアにおける体制改革の取り組み、1980年のポーランドにおける自主労組「連帯」の出現は、現代史の中で特記されるべき民主化運動の事件であった。これらの運動はソ連の直接介入あるいは間接干渉によって挫折させられ、その国民的規模の体験は、1950年前後の凄惨な粛清事件の負の記憶と相まって、人々の中に嫌露感情を増幅させた。
　やがて1989年の秋から翌年にかけてこの地域で社会主義体制が崩壊し、1991年には盟主ソ連自体が解体するに及んで、「東欧」とされていたこれらの国々は「西欧」との自由な交流の扉が開かれたのを契機に、「中欧」というアイデン

ティティを表明するようになった。そして1991年にポーランド、チェコスロヴァキア、ハンガリーの首脳がドナウ川を望むヴィシェグラード（ハンガリー）に集って協力機構の結成を決め、1993年にはチェコスロヴァキアがチェコとスロヴァキアとに分離したのを受けてそれは中欧4ヵ国協力機構（Visegrád 4、略称V 4）となり、現在に至っている。

　これら4ヵ国は1990年代の体制移行期における諸困難を克服し、2004年にはEUに、そして1999年にはポーランド、チェコ、ハンガリー、2004年にはスロヴァキアがNATOにも加盟して、経済的にも軍事的にも欧米圏の一角をなしている。社会主義時代にはこれらの国々はコメコン（経済相互援助会議）に属して資源も市場も大部分はソ連東欧ブロックに依存していたが、今では経済活動が広く世界市場に及び、成功裏に発展を遂げている。国民1人当たりの名目GDP（国連統計、2018年）で見ると、世界213ヵ国の中でチェコは53位、スロヴァキアは58位、ハンガリーは69位、ポーランドは72位、つまりいずれも上位3分の1の国々の中にある（因みにアメリカは12位、日本は33位、ロシアは80位）。

　社会主義体制から脱して30年を経た今日、かつて宗主国ともいうべき影響力を振るっていたロシアに対して、これら中欧の諸国民がどのような見方をしているか。中欧諸国は資源・エネルギーと市場の一部をロシアに依存しながら、東方（ロシア）からの脅威に備えて今ではNATOに加盟している。そこに住む人々は今日、ロシアに対してどのような態度を示しているか。ロシアに関わるその歴史的体験を辿るとともに、近年の各種世論調査に表れたロシア観をサーベイしながらこ

の点を探ってみる。

2 ロシアとの関係──その略史

　中欧は国によって濃淡の差はあるとはいえ、その地政学的
位置から、長年、西のゲルマン勢力圏と東のロシア勢力圏の
狭間にあって、苦難の歴史を歩まされてきた。中欧諸国民の
ロシア観を見ていく上で、まず、近世から現代にかけての中
欧各国とロシアとの関係史の中で、人々の歴史記憶に今日な
お生きているとみられる諸事実を選択的に抽出し、その要約
を述べておきたい。なお中欧諸国民のロシアとの関係に関わ
る歴史記憶については、先行する章の中でも述べてきたので、
以下の叙述はかなりの部分、それと重複する。

A　ポーランド
　16 世紀後半には「ポーランド・リトアニア連合王国」を
築いてヨーロッパで 1 、 2 位を競う広大な範囲を占めていた
ポーランドは、18 世紀になると諸外国からの干渉と国内で
の内紛で勢力を弱め、その国土は隣接する列強ロシア、プロ
イセン、オーストリアに分割支配されて、同世紀の末にはそ
の国家は消滅した。19 世紀初めにはナポレオン戦争を契機
に一時的に独立国が打ち立てられたが、ナポレオン失脚後、
ポーランドの主要部分をなす東部および中部はロシア帝国の
一部とされた。これに対して蜂起が数度にわたって企てられ
たが、全て完全に鎮圧され、多数の人々が処刑あるいは流刑
された。ロシア政府は役所や裁判所でのロシア語使用を強制

し、学校教育でのポーランド語を除去しようとして、校内でのポーランド語の私語さえ厳罰にしたという（山本・上原，1980：91-112, 115-116）。

　第1次世界大戦後にポーランドは独立主権国となったものの、第2次世界大戦勃発の直前に結ばれたドイツ（ナチス）とロシア（ソ連）との密約によって国土を東西に分割され、その直後ドイツは一方的にポーランドに侵攻してその国土を占領下に置き、さらにソ連に軍を進めた。他方、反撃に出たソ連軍はナチス・ドイツからの「解放」の名の下にポーランドに進入し、ポーランド全土は熾烈な独ソ戦の舞台となった。その間に国内で自由と独立を求めて闘っていたポーランド軍人やパルチザン市民の多くはドイツかソ連の捕虜となり、「赤軍の捕虜となったポーランド軍将校1万5000人の行方は40年5月以来分らず、ソ連当局からも満足な説明が得られていなかった」（同、1980：190）と言われる。大戦中にソヴィエト内務人民委員部が執行した「カティンの森」での膨大な数のポーランド軍将校らの射殺事件は、ロシアに対するポーランド人の負の記憶をさらに増幅するものであった。

　大戦末期にソ連軍の後ろ盾で打ち立てられた左翼系新政府が戦後の国家権力を担い、1952年に共産主義政党の独裁体制が布かれ、ポーランドは完全にソ連の勢力圏に組み込まれた。ポーランドには貴族層と知識人の誇り高い精神を底流とした西欧志向の文化的伝統と自負心に支えられた根強い民族意識、広く一般民衆に受容された敬虔なカトリック信仰があり、それらが結晶して国民の精神構造の核をなしていたが、ソ連の影響下でこの社会に持ち込まれたプロレタリア文化、

インターナショナリズム、唯物主義と反宗教措置は、この国の精神に亀裂と葛藤をもたらした。それが社会主義的経済運営の非効率性に対する抗議と相俟って、1956年、68年、70年、76年と、体制の修正を促す市民・労働者・知識層の運動をもたらし、80年には自主労組「連帯」の出現によって体制そのものを揺るがすものへと展開した。この状況は翌年12月に発せられた戒厳令で表面的には収拾されたが、共産党と「連帯」の確執は社会主義体制が終焉する1989年まで続いた。この間の地下活動を支えた意志の核には、「ソ連による押し付け」に対して「ポーランド自身の道」を求める根強い自立志向、そしてポーランドは東方ブロックの一角ではなく、西方世界の一員だという伝統的な西欧帰属意識を見てとることができる。因みに19世紀にチェコやスロヴァキア、さらにはバルカンのスラヴ系諸民族が自立を目指した時代に、その精神的拠り所としたのは主として東方を志向したスラヴ帰属主義の思想であったが、ポーランドではその思想的影響は稀有であった。

B　チェコとスロヴァキア

　第2次大戦以前におけるチェコ人やスロヴァキア人のロシアとの関係は、ポーランドの場合と異なって、支配と従属、抑圧と抵抗の歴史を伴っておらず、彼らの主要な関心は西方からのゲルマン支配（スロヴァキアの場合はマジャール支配）に対する解放と自立に向けられていた。チェコでは15世紀からのヤン・フスによる宗教改革に端を発したカトリック側のハプスブルク帝国（オーストリア）・対・プロテスタント側

のチェコ人（貴族層および平民諸層）という対抗的緊張関係が、政治面にとどまらず社会・文化の中に構造化された。そしてハプスブルク支配に対するチェコ貴族の蜂起と戦闘（1620年）が敗北に終わった後は、政治・行政面ばかりでなく、言語・文化の「ゲルマン化」が推し進められ、チェコ語は片田舎の方言へと押しやられ、ドイツ語が公用語とされて都市生活を支配するようになった。それはチェコ人の民族としての消滅とゲルマン民族への同化を意味した。マルクスでさえ1852年3月5日号の「デイリー・トリビューン」紙に、「ボヘミアの一部の住民がなお何世紀かのあいだドイツ語でない言語を話し続けるかもしれないにしても、今後はボヘミアはドイツの一部としてしか存在しえない」（Luxemburg 1971：邦訳27、詳しくは『マルクス・エンゲルス全集』第8巻46-50頁）と述べていた。

　チェコ人はこの時代をチェコ史における「暗黒時代」と呼ぶ。これに抗するチェコ人の解放と独立の運動は固有民族言語の復活とそれによる「民族の再生」に向けられた。それは武器を取っての蜂起というよりも、民族固有の言語の再確立と民族色豊かな文化芸術の普及を通して、チェコ民族としてのアイデンティティを再構築し普及していく方向を辿った。スロヴァキアではハンガリー王国による「マジャール化」に対して、スロヴァキア語の確立と普及、スロヴァキア民族文化の振興への取り組みが展開した。チェコやスロヴァキアでの民族自立運動の主役はポーランドやハンガリーと異なって、誇り高い土着貴族層ではなく、平民出身の文人達であった。

その運動の原点は、自らをゲルマンやマジャールではなく、スラヴとして自覚することから発している。その文脈でロシアは同じスラヴの同胞として受け入れられ、時にはスラヴ諸同胞を守護する大樹にすら喩えられ、その影響下で人々の間に「ロシア愛」（Rusofil）の思想と心情が広がった（特にスロヴァキア）。第1次世界大戦でオーストリア・ハンガリー帝国軍の兵士としてロシア戦線に送られたチェコ兵やスロヴァキア兵の中には、捕虜となってロシア側に就いて戦った人達もいた。

　やがて第1次大戦でドイツ帝国側に立って戦ったオーストリア・ハンガリー帝国が敗北したのを契機に、1918年、チェコとスロヴァキアが合体して「チェコスロヴァキア共和国」（第1共和制）が成立した。この国の初代大統領マサリク（T. G. Masaryk）は西欧的民主主義を志向してロシアのボリシェヴィキ（共産主義者）に対しては批判的であったが、ロシアとロシア文化に造詣が深く、全3巻からなる大著 Rusko a Evropa: studie o duchovních proudech v Rusku（石川達夫ほか訳『ロシアとヨーロッパ』成文社、2002 – 05年）を残している。また、初代首相の座に就いたクラマーシュ（Karel Kramář）は第1次大戦前、「スラヴ諸民族の大同団結を唱え……ロシアのツァーリを首長とするスラヴ帝国の憲法を自ら立案しさえした」（石川（達）2010：326）と言う。

　そのチェコスロヴァキア共和国にはロシア革命を契機に少なからぬ数のロシア人が亡命し流入してきたが、チェコ社会やスロヴァキア社会は彼らを友好的に受入れ、「1921年から政府主導の『ロシア人支援活動』が開始され、ロシア（そ

してソ連）からの亡命者への大規模な支援が行われた」（石川（達）2010：416）。流入ロシア人の中には社会学者ソローキン（Pitirim A. Sorokin）など、チェコスロヴァキアの学術文化の発展に大きく寄与した人達もいる（ソローキンは後にアメリカへ渡り、アメリカ社会学会会長をも務めた）。

　第1共和制時代のチェコスロヴァキアは当時の世界で最高水準の民主主義制度を備え、共産党も合法政党として活動し、各種選挙で得票率10%以上を確保していた（平田1984：18）。ところが建国20年経った第2次大戦前夜の1938年、ドイツはこの国でドイツ系住民が多数居住するズデーテン地方を英仏伊の首脳の賛同を得て併合し、さらにその後間もなくチェコとスロヴァキアを切り離して前者をドイツの保護領、後者を自らの傘下で独立国とした。ドイツ支配下のチェコでは諸党派の地下連合による反ナチス抵抗運動が組まれ、ドイツの同盟国スロヴァキアでは終戦前年に対独パルチザン蜂起が展開され、その中で生死を賭して闘った共産党員の活動が、戦後チェコスロヴァキア、とりわけチェコにおける共産党の評価を大いに高めた。しかもチェコスロヴァキアをナチス・ドイツの支配から最終的に軍事解放したのはソ連軍であった。西からの連合軍はプラハの西80キロあたりに止まって動かず、その間、孤立して戦っていたプラハ市民を最終的に助けたのはベルリン陥落後に南下してきたソ連軍だった。ソ連軍によるこの「解放」は、ズデーテン地方のドイツへの割譲を容認した英仏への不信感と相俟って、チェコ人やスロヴァキア人の共感を西側よりも東側へと向けさせた。こうした状況の中で戦後まもなく共産党員は100万人に達し、

終戦翌年に行われた総選挙では 38% の票を得て議会で強力な勢力となり、その党首は戦後初代の大統領になった。そして共産党は 1948 年に社会民主党を取り込んで一党独裁の体制を確立し、ソ連をモデルとした政治、行政、経済、文化、社会の構築に乗り出し、ソ連ブロックの「最優等生」とさえ言われるようになり、メディアを通して、学校教育を通して、そして様々な大小の集会を通して、ソ連賛美の宣伝が繰り広げられた。

しかし、それは必ずしもチェコスロヴァキア国民、とりわけチェコ人の心を捉えたわけではなかった。移植されたソ連型社会主義モデルは前近代的な経済構造と未発達な市民社会という特徴を持つロシアで構築されたものであって、戦前の自由と民主主義、高い経済水準、豊かな文化的生活を記憶するチェコ人達を満足させるものではなかった。終戦末期のチェコに進駐してきた「解放軍」ロシア兵の粗野な行為に対する失望、スターリン体制下での凄惨な粛清・監禁・監視・密告の中での陰鬱さ、50 年代末からの経済成長の停滞と経済水準の低下、官僚主義と非効率、そして戦前の共和国時代における自由と豊かさの記憶の蘇生が相俟って、ソ連型社会主義体制に対する「白け」感を社会の深部にまで広めた。これに対して共産党内部でもチェコスロヴァキア独自の諸条件に見合った経済と社会への改革が検討されだし、文化人からは表現の自由を求める動きが表面化して、それらが、外来モデルに代わるチェコスロヴァキアの土壌に適した独自の「人間の顔を持った社会主義」を求める運動に結晶し、1968 年に広範な市民を巻き込む「プラハの春」の運動が展開した

（石川（晃）2019 など）。ところがそれはソ連を宗主とするワルシャワ条約機構軍の侵攻によって蹂躙され、その後はソ連の間接支配による「正常化」の時代が、社会主義体制崩壊の1989 年まで続いた。この事件を契機にソ連、さらにはロシアに対する否定的態度が人々、とりわけチェコ人の中に急速に、そして広範に拡散した。筆者が現地の知人友人との会話の中でロシア観に触れた時、彼らがほぼ異口同音に指摘したのは、この「プラハの春」の壊滅とそれに続く「正常化」措置こそがチェコ人やスロヴァキア人のロシアに対する負の意識を決定的にしたという点であった。。

C　ハンガリー

　20 世紀までのハンガリーはポーランドやチェコやスロヴァキアほどのロシアとの関わりはなかった。ハンガリーにとっての脅威はむしろバルカン半島を北上してきたオスマン朝のトルコ帝国であり、そのトルコの勢力が衰えてからはハンガリー王国の上に君臨したハプスブルグ王朝のオーストリア帝国であった。オーストリアはナポレオン戦争の際にロシアと組み、1848 年にはハプスブルク支配に対する蜂起に立ち上がったハンガリーの愛国的人士を帝政ロシアとともに鎮圧した。その際、蜂起に加わったハンガリー人の銃殺処刑を現場で実行したのはロシア兵で、オーストリアの将校達はそれを眺めながら祝杯を挙げていたという話は、ハンガリー人の歴史記憶に残っている。

　20 世紀になってからは 2 度の大戦でハンガリーはドイツ・オーストリア勢の側の立って戦って敗れ、そのたびに西欧列

強による決定で広い国土を削られた。第2次大戦後は「解放軍」ソ連の占領下に置かれ、講和成立後も駐留を続けたソ連軍の影響力下で1949年に共産主義政党が権力を独占し、ソ連をモデルとした社会主義体制を取り入れた。そのソ連軍はハンガリー人民を「ファシスト」勢力から「解放」する大義名分で東方から攻め入ってきたのだが、その過程で兵士から市民や農民が蒙った暴行凌辱の記憶が人々の間で広く共有された。

やがて1956年秋、現存体制に対する抗議とハンガリーの実質的自立を求める運動が大規模に展開しだした。「東欧」戦後史上の大事件となった「ハンガリー事件」である。これに対してソ連はワルシャワ条約機構軍を動員して武力による鎮圧を強行し、ハンガリー市民は戦闘的抵抗でこれに臨んだが、2,700人の死者と約13,000人の負傷者を出して鎮圧された（鹿島 1979：113）。かつてオーストリアの支配下に置かれていたという事実、第1次大戦と第2次大戦ではドイツ側に付いたとはいえその従属的地位に置かれていたという感覚、そしてまたその敗戦によって西欧列強が過大な賠償と広大な国土の削減縮小を決めたという経緯などから、ドイツ、さらには西欧列強に対するハンガリー人の複雑な感情が一方にあったとしても、1956年のこの事件は、ソ連、さらにはロシアに対するハンガリー人の警戒感と嫌悪感を決定づけたとされる。

しかし、その後ハンガリーは経済改革を漸進的に展開して1980年代にはソ連ブロックの国々の中で経済先進国の様相を呈し、社会主義諸国の間で経済改革のモデル国として注目

されるようになった。ソ連はもはや「プラハの春」鎮圧のような挙には出ず、むしろハンガリーの実験に学んで自国経済の改革に着手しだし、西側への門戸開放と国内の民主化を打ち出した（ゴルバチョフの改革）が、その過程でハンガリー人の反露的な意識が緩んだかどうかは定かでない。

3　中欧諸国民とロシア国民の精神的・文化的差異

A　価値志向

中欧諸国民のロシア観を観察するに当たって、まず両者の国民性における差異を見ておきたい。なお、以下における図表上の国名の表示ではポーランドをPL、チェコをCZ、スロヴァキアをSK、ハンガリーをHU、ロシアをRUSと略記する。

最初に用いる資料はイングルハートとベイカーによる価値観国際比較調査の結果である。この調査は質問紙法を用いて世界数10カ国の国民を対象として行われ、回答内容を「伝統志向―世俗合理志向」と「生存維持志向―自己表出志向」の2軸で分析している。各軸は次の項目群から構成されている（Inglehart and Baker 2000：24）。

伝統志向・対・世俗合理志向

　「神は私の人生において非常に重要である」か否か

　「子供には自立や決定よりも従順と信仰を学ぶことのほうが重要である」か否か

　「堕胎は決して正当化できるものではない」か否か

「私は強い民族的自負心を抱いている」か否か

「私は権威に尊敬心を抱いている」か否か

生存維持志向・対・自己表出志向

「私には自己表出や生活の質よりも経済的・物質的な保障のほうが重要だ」か否か

「私は自分をあまり幸せだとは思っていない」か否か

「私は請願に署名したことはなく、署名したいとも思わない」か否か

「同性愛は決して正当化できない」か否か

「他人に対しては信頼するよりも警戒した方がいい」か否か

　2019年調査の結果から中欧4カ国の国民とロシア国民の平均的位置を示すと、図（次頁）のようになる（World Value Survey（2019）, Inglehart-Welzel Cultural map より作成）。なお、1990年─1991年と1995年─1998年の調査結果も、ほぼこれと同様な5カ国の位置関係を示している（Inglehart and Baker 2000：29）。

　まず伝統志向─世俗合理志向の軸で見ると、ロシア人の対極に位置するのはポーランド人である。ポーランド人はすぐれて伝統志向的であり、これに対してロシア人はすぐれて世俗志向的である。因みにポーランドでは伝統的にローマ・カトリック信者が非常に多く、他方ロシア人は20世紀に70年余にわたる共産主義の下で唯物主義の思想で教化されていた。中欧諸国民の中で特にポーランド人は、ロシアに対する好悪感の次元とは別に、ここに見てとれるように、そもそも国民性（価値志向の次元からみた）においてロシア人との間に

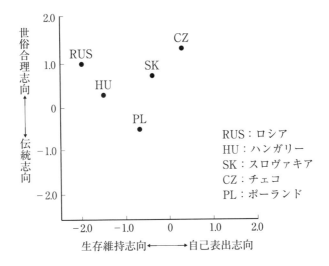

図　中欧4カ国とロシア国民の価値志向

RUS：ロシア
HU：ハンガリー
SK：スロヴァキア
CZ：チェコ
PL：ポーランド

出所　World Value Suvey (2019)：Inglehart Welzel
Cultura map 2019 より作成

かなりの相違を見せている。

　その一方で、ロシア人の側からもポーランド人を特別視する傾向があるようだ。19世紀ロシアの革命思想家ゲルツェンは「ポーランドを滅ぼすことはできるが、これを隷属させることはできない」（Herzen 1853：邦訳223）と述べている。また、スターリンは第2次大戦終結前年の10月にポーランドの労働者党代表に向かって「共産主義はポーランド人には合わない。彼らは個人主義的すぎるし、民族主義的すぎる」と語りかけたという（山本・井内 1980：208）。

　両者間におけるこのような違いが、ポーランド人の対ロシア感情の土台にあるかもしれない。

なおチェコは伝統的に無宗教ないし無信仰の人口比がヨーロッパで最も大きい国の1つであり、ロシアとほぼ同水準の世俗合理的傾向が見てとれる。ところが生存維持志向・対・自己表出志向の軸でみると、チェコはロシアの対極に位置する。ロシアでは産業が未発達でしかも農村を飢饉が襲う時代が続いていた頃、チェコでは既に産業が発達し中産階級が成長して、人々の欲求水準が最低限の生存保障から自己実現を求める方向へと進んでいたと見られる。この違いがチェコ人のロシアに対する、時には正の、時には負の態度に何らかの影響を与えていると思われる。

B　文化・精神生活の類似性・差異性

　次に中欧諸国民が精神生活において自分たちとロシア人との類似性あるいは差異性をどう感じているかを問うてみる。

　ここでのデータ源は中欧4ヵ国世論調査（Public Opinion in Hungary, Poland, Czech Republic and Slovakia, Center for Insights in Survey Research（www.IRI.org））で、調査時点は2017年3月、サンプル数はハンガリーとポーランドでそれぞれ1,000、チェコで1,016、スロヴァキアで1,024、サンプルの年齢幅はハンガリーとポーランドでは18歳以上、チェコとスロヴァキアでは18歳以上65歳以下、方法は個人面接法で、有効回答率は各国とも95%となっている。

　まずここで観察するのは「あなたの国は次の点に関して西欧と共通ないし類似していますか、それともロシアと共通ないし類似していますか」という問に対する回答分布で、回答選択肢として「1．西欧と共通、2．西欧に近似、3．どち

らともいえない、4．ロシアに類似、5．ロシアと共通」の
5つが挙げられている。そのうち、1と2を合わせた回答比
（西欧と共通・近似）と、4と5を合わせたそれ（ロシアと共通・
近似）を示すと、表1のようになる。

表1 文化的・精神的生活における
　　　自国とロシアまたは西欧との共通・類似性

	ロシアと共通・類似（4+5）	西欧と共通・類似（1+2）
PL: 文化・知的生活 　　 道徳・価値	8% 9%	56% 53%
CZ: 文化・知的生活 　　 道徳・価値	9% 14%	57% 47%
SK: 文化・知的生活 　　 道徳・価値	12% 12%	49% 48%
HU: 文化・知的生活 　　 道徳・価値	17% 23%	37% 33%

　この表をみると「ロシアと共通・類似」はどの国におい
ても「西欧と共通・類似」を下回っており、文化的精神的生
活面では自国を西欧の一部とみる者が多数を占めていること
がわかる。つまり中欧のどの国民も、多数は文化的精神的生
活において自国を西欧の一部とみなしていると言うことがで
きる。特にそれが顕著なのはポーランド人とチェコ人である。
なおハンガリー人においては「どちらともいえない」という
回答が少なくない。

C　地域帰属意識

　次いで、自国が位置しているのは西側か、それとも東側か、
という、中欧諸国民の東西いずれかへの地域的帰属意識を問

うてみる。表2は「我々はどこに位置するか」という設問に対する回答の分布を示している（GLOBSEC Trends 2018）。

表2　われわれはどこに位置するか（カッコ内は18～24歳）

	西側	中間	東側
PL	42 (27)	31 (40)	5 (9)
CZ	38 (57)	55 (38)	3 (4)
SK	21 (34)	56 (49)	13 (2)
HU	45 (69)	47 (23)	3 (4)

「わからない」という選択肢への回答の比率は表中で省略。

　この表をみると、ポーランド、チェコ、ハンガリーでは「東側」帰属意識を持つ者は5％以下にすぎず、「西側」帰属意識の持ち主が40%前後にのぼり、「中間」という回答も少なくない。そのうちチェコでは「中間」という回答が多いが、若年層だけをみると「西側」帰属が60%近くを占める。ハンガリーでも「中間」が少なくないが、若年層だけだと「西側」帰属が70%近くに上る。これら3カ国と異なる回答分布を示しているのはスロヴァキアである。この国では「東側」帰属意識の比率が他の3カ国よりやや大きいとはいえせいぜい10%をわずかに上回るだけであるが、その一方で「西側」帰属意識の持ち主の比率は約20%に過ぎず、過半数は「中間」と答えている。なおポーランドでは全サンプルの回答分布だと「西側」が多数を占めているが、若年層だけを取り上げてみて見ると「西側」はそれほど多くはなく、むしろ「中間」が多く、チェコやハンガリーと異なる傾向が表れている。

4 安全保障の観点からみたロシアとの関係

先に略述したような歴史、価値志向、地域帰属意識を持つ中欧諸国民は、今日の時点における自国の安全保障との関連でロシアとの関係をどのように見ているか。2010年代後半（ロシア―ウクライナ危機発生後）に行われた世論調査の結果を観察しながら、この点に接近してみる（GLOBSEC TRENDS 2018 および Public opinion in Hungary, Poland, Czech republic and Slovakia, 2017）。

中欧各国で「中間」帰属意識が相対的に多いという先に見た傾向は、安全保障と国際関係に関する各国国民の意見分布にも反映されている。

まず、自国が NATO に加盟していることをどう思うかという問に対する回答分布をみると（表3）、どの国でも「良い」という回答が「悪い」を上回っているが、とくにそれはポーランドとチェコで顕著であり、ハンガリーでもそれが過半数を占めている。これらの国では NATO 加盟を「悪い」という回答はわずか数％に過ぎない。例外なのはスロヴァキアで、

表3　自国が NATO に加盟していることをどう思うか

	良い	悪い	どちらともいえない
PL	67	2	31
CZ	65	8	27
SK	37	21	42
HU	56	5	39

「良い」は 40% に満たず、「悪い」が 20% を超している。な
お「どちらともいえない」という回答が各国とも少なくなく、
30 〜 40%を占めており、中でもスロヴァキアでは 40% を超
えている。

　この「どちらともいえない」という回答の多さは、NATO
側にもロシア側にもつかずに「中立」の立場でいることを望
ましいとみる意見の多さと関連していると見られる。表4に
見るようにどの国でもその比率は過半数を占めている。それ
は特にスロヴァキアで顕著で 70% 以上を占め、チェコとハ
ンガリーでは 60% 前後、そしてポーランドでさえ 50% 強を
なしている。

　表4　「我が国の安全は NATO 側かロシア側かの選択を強
　　　　いられるよりも、中立のままでいる方がよく保障さ
　　　　れる」という意見に賛成か反対か（5 段階評価）

	賛成	反対
PL	53	28
CZ	61	34
SK	73	24
HU	58	27

　「わからない」という選択肢への回答の比率は表中で省略。

　ところで各国で「中立」志向が多数を占めている中で、ロ
シアとの関係についてはどのように見られているか。表5（次
頁）はヨーロッパの安全保障の上でロシアは「脅威」か或い
は「パートナー」かについての意見分布を示している。

表5　ヨーロッパにおけるロシアの役割について、
　　　2つの意見のどちらに近いか

	ロシア脅威視	パートナー視
PL	51	35
CZ	36	59
SK	22	75
HU	26	54

回答選択肢

　A：ロシアはヨーロッパにとって不断の外的脅威であり、強力な安全保障連合によって対峙しなければならない（ロシア脅威視）。

　B：ロシアはヨーロッパの安全保障におけるパートナーと考えるべきで、ヨーロッパ安全保障機構の中に組み入れるべきだ。ロシアを締め出すことは我々の安全を低下させる（ロシアパートナー視）。

　C：わからない。

　ポーランドではロシアをパートナー視する者は35％しかいないのに対して脅威視する者が51％に上り、回答保留者は14％のみである。ところが他の3カ国ではロシアをパートナー視する者が過半数を占め（とりわけスロヴァキアでは75％！）、脅威とみる者は回答者全体の30％台（チェコ）か20％台（スロヴァキアとハンガリー）に留まる。なおハンガリーでは回答保留者が約20％を占めていて、ロシアをどう見るかで意見を保留している者が5人に1人ほどいる。

　先の表にみた結果との関連で言えば、チェコとハンガリーはロシアとの関係強化を肯定する意見は少ないが、ロシアの締め出しには反対意見が多いと見られ、スロヴァキアではロシアとの関係強化を肯定するとともに、安全保障のパートナ

ーと見なす意見が多数を占める。これら３カ国に比べてポーランドではパートナー視する意見が少なく、外的脅威視する意見の方が多い。

因みにアメリカに対してはどうかというと（表は省略）、これをパートナー視する者の比率が最も高い（60%）のは、ロシアを脅威と見る者の比率が最も大きいポーランドであり、これと対照的なのがスロヴァキアで、ここではアメリカに対して警戒心を持つものが最も多い（60%）。チェコではアメリカをパートナー視する者が51%で、ロシアをパートナー視する意見とほぼ同水準である。ハンガリーでもアメリカをパートナー視する者と警戒視する者とがほぼ同比率であるが、回答保留者の比率が４カ国中最も多い（16%）。スロヴァキアの新聞「ナーロドネー・ノヴィニ」（NÁRODNÉ NOVINY 2017/06/02）はこの調査結果から「一般に流布している『ロシア脅威』論とは異なり、ロシアよりもアメリカのグローバル政策に脅威を抱く人が増えている。……スロヴァキアでは60%がアメリカの存在が緊張と不安を高めていると危惧し、中欧Ｖ４諸国民の多くはNATOに対してもロシアに対しても中立を支持している」と報じている。

なお、別な調査の結果（DENNÍK POSTOJ 2016/05/23；SME 2016/05/23）からロシアに対する全般的な信頼感の分布をみると（表６次頁）、「信頼感を持っている」と答えた者の比率はスロヴァキア31%、ハンガリー17%、チェコ16%、ポーランド９%であり、逆にアメリカに対して「信頼感を持っている」者はスロヴァキアが最少でポーランドが最多である。つまりポーランド、チェコ、ハンガリーでは米国を信

表6　米露に対する信頼感（「信頼感を持っている」者の比率）

	ロシアに対して	アメリカに対して
PL	9	50
CZ	16	41
SK	31	27
HU	17	33

「わからない」という選択肢への回答の比率は表中で省略。

頼する者の比率がロシアを信頼する者の比率を上回っており、特にそれが顕著なのはポーランドであるが、スロヴァキアでは逆にロシアを信頼する者の比率はアメリカを信頼する者の比率を僅かながら上回っている。この点でもポーランドとスロヴァキアは対極に位置する。

　ドイツとの関係についてはどうか。調査では、ロシア、ドイツ、EU、イギリス、アメリカ、中国の5カ国1地域を挙げて、「自国の利益を守るうえでそれぞれの国・地域との関係強化は役立つと思うか」と問い、「そう思う」「どちらかといえばそう思う」「わからない」「どちらかといえばそうは思わない」「そうは思わない」という回答選択肢を設けている。表7（次頁）はそのうち肯定的回答（「そう思う」＋「どちらかといえばそう思う」）と否定的回答（「そうは思わない」＋「どちらかといえばそうは思わない」）の比率を示している（Public opinion in Hungary, Poland, Czech Republic and Slovakia 2017）。

　先に述べたように、中欧諸民族はかつてドイツとロシアの間で悲劇的な体験をしている。しかし、今では自国利益の確保の上でドイツとの関係強化を肯定する意見がどの国でも約

表7　あなたは自国の利害を守るうえで
　　　次の国ぐにとの関係強化が役立つと思うか

	否定的回答	肯定的回答
PL: ドイツ 　　 ロシア	9 32	60 24
CZ: ドイツ 　　 ロシア	11 34	59 25
SK: ドイツ 　　 ロシア	10 16	57 43
HU: ドイツ 　　 ロシア	10 31	58 27

「わからない」という選択肢への回答の比率は表中で省略。

60% に上り、否定的意見は 10% 前後にしかならない。他方、ロシアとの関係強化を肯定する意見はスロヴァキアを除く 3 カ国では 25% 前後で、否定的意見がそれを上回って 30% 強を占めている。この点でも特異なのはスロヴァキアで、そこではロシアとの関係強化を肯定する意見が 43% を占め、否定的意見の 16% を大きく上回る。

5　観察結果の中間的要約

以上の観察結果を要約してみる。

☆国民性を「伝統志向―世俗合理志向」の尺度で測った調査によると、ポーランド人とロシア人が対極に位置し、「生存維持志向―自己表出志向」の軸でみるとチェコ人がロシア人の対極をなしている。ハンガリー人とスロヴァキア人は両

者のほぼ中間に位置する。文化・精神生活の面では中欧諸国民の多数は西側または中間的位置すると自認しており、東側に一方的な帰属意識を持つ者は少ない。西側帰属意識が特に多いのはポーランドで、最も少ないのはスロヴァキアである。

☆中欧各国の国民はおしなべて自国の NATO 加盟を是としているが、「NATO 側かロシア側か」の選択を強いられるよりも、中立のままでいるのがよいと考えている者がどの国でも過半数を占めている。特にスロヴァキアで中立志向が多い。

☆ヨーロッパの安全保障にとってロシアは脅威か、それともパートナーかを問うと、ポーランドでは脅威視が多数を占めるが、チェコ、ハンガリー、特にスロヴァキアではロシアをパートナー視する者が多い。ロシアを信頼しているかというという問に肯定的な返答をしている者は中欧のどの国でも少なく、特にポーランドは 1 割に満たないが、チェコやハンガリーでは 16 − 17%、スロヴァキアではその倍近くの 31% を占める。

なお、アメリカを信頼しているという回答の比率はその逆で、ポーランドで最も多く、次いでチェコとハンガリー、それが最も少ないのはスロヴァキアである。安全保障観ではポーランドはすぐれて西欧・アメリカ依存的な意見が多いが、他の国々では中立志向的意見が多く、スロヴァキアでは親ロシア的意見も少なくない。

参考までに 2018 年春時点の調査からトランプの政策を支持する者の比率とプーチンの政策を支持する者のそれを見ると、ポーランドでは 46 対 13、ハンガリーでは 30 対 33、チ

ェコでは 27 対 32、スロヴァキアでは 16 対 41 で、ポーラン
ドはすぐれてトランプ寄りでプーチン支持は僅かしかなく、
その対極にあるのがスロヴァキアで、プーチン支持がトラン
プ支持を大きく上回り、チェコとハンガリーでは両者の支持
はほぼ同水準にある。もう 1 つ参考までに在スロヴァキア日
本大使館「政治・経済月報」(2019 年 9 月) によると、2019
年の初めに欧州 14 カ国の国民を対象に欧州外交関係評議会
が行った世論調査では、「米露間の対立において自国はどち
らの陣営を支持すべきか」という問に対して「ロシアを支持
すべき」という回答が最も多かったのはスロヴァキア (20%)
で、それに次ぐのがチェコとイタリア (各 9%) であり、ス
ロヴァキアで「アメリカを支持すべき」と回答した者の比率
は僅か 6 % にすぎなかった (「中立を維持すべき」が約 65%)
という。

6 社会主義時代の評価

　ソ連の圧倒的影響下にあった社会主義の時代をどう評価す
るかということが、現代における中欧諸国民のロシア観に影
響しているかもしれない。資料 (FOCUS April 2018) から各
国民の社会主義時代観を見てみる。
　表 8 (次頁) の設問は、1989 年以前の社会主義時代と今と
を比べて生活が良くなったかどうかを尋ねている。
　社会主義時代を振り返って、果たして生活は今の方が良
くなっているかどうかと尋ねると、ポーランドとチェコでは
「今の方が良い」という意見が多数を占める (それぞれ 70%

表8　1989年以前と今とを比べて生活は良くなったと思うか

	今の方が良い	以前の方が良かった
PL	70	16
CZ	64	22
SK	35	41
HU	35	24

「わからない」という選択肢への回答の比率は表中で省略。

と64%）が、ハンガリーでは「今の方が良い」という回答は約3分の1で半分に満たず、「わからない」という回答が4割を占めている。ところがスロヴァキアではむしろ「社会主義時代の方が良かった」という意見が「今のほうが良い」という意見を上回っている（41%対35%）。しかしスロヴァキアでかつての社会主義体制を肯定する意見が多いのは中高年層であり、若年層での肯定的意見はその半分である。

　なお、「社会主義時代の方が良かった」という意見の理由として挙げられているのは「人々の間の連帯が大きかった」「生活は安全で、暴力的な犯罪は今より少なかった」「皆が仕事に就けて、失業がなかった」「食品が良質で安全だった」「人々は道徳に沿って行動していた」という点であり、逆に「悪かった」理由としては「外国旅行の自由が制限されていた」「自由選挙がなかった」「表現の自由が保障されていなかった」といった点である。ポーランド人とチェコ人は「表現の自由」「外国旅行の自由」「政治参加の自由」など、自由に対する欲求水準が高く、それを著しく制限していたソ連モデ

ルの社会主義体制に対する不満、さらには伝統的なロシア的政治風土に対する違和感と批判が今なお広く残存していると見られる。実際、特にこの2つの国民の間では、表9にみるように、社会主義体制の崩壊を「良かった」という者の比率が高い。

表9 1989年における社会主義体制の崩壊をどうみているか

	良かった	悪かった
PL	74	13
CZ	81	16
SK	67	24
HU	62	20

「どちらともいえない」という選択肢への回答の比率は表中で省略。

　因みに、社会主義体制の崩壊を「良かった」という意見は、中欧4カ国のどの国でも多数を占めている。特にそれが多いのはチェコで、それに次ぐのがポーランドである。逆に「悪かった」という意見はポーランドで最も少なく、それに次いでチェコでも僅かである。前問での「生活は社会主義時代の方が良かった」という回答の比率は、ここでの「社会主義体制の崩壊はよかった」という回答比よりも顕著に小さいから、生活面では社会主義時代を肯定的に見ている人でも、体制としての社会主義に対しては否定的だという傾向がここに窺える。

　なお、中欧4カ国の中で「生活は社会主義時代の方が良かった」という回答比が最も小さいのはポーランドであり、「社

会主義体制の崩壊は悪かった」という回答比が最も小さいのもポーランドである。これに対して「生活は社会主義時代の方が良かった」という回答比が「今の方がいい」を上回り、社会主義体制の崩壊を否定的にみる回答が4カ国中で最も多いのはスロヴァキアである。つまり社会主義の記憶と評価において4カ国中、もっとも否定的なのはポーランドで、その反対がスロヴァキアであると言える。これはこれら2つの国の国民におけるロシアに対する見方の違いに照応している。

7　総　括──歴史記憶と小国の立場

　中欧4カ国は共通して第2次大戦後ソ連の勢力圏に繰り込まれて40年余の年月を経てきたが、それ以前、とりわけ第1次大戦まではそれぞれ異なる歴史を歩み、ロシアとの関係もそれぞれ異にしていた。

　ロシアに対するポーランド人の批判的傾向は、18世紀後半からの長年にわたるロシアによる支配と抑圧の歴史の記憶、伝統志向的な価値意識、社会主義的価値にそぐわない個人主義的・民族主義的国民性からかなり説明できると思われる。この国では第2次大戦後にソ連型の社会主義体制を布いたが、間もなくそれを修正し、集団農場化ではなく独立個人経営の方式を存続させ、1956年から60年代にかけての「雪解け」期には文化・芸術・学問の諸領域で「プロレタリア文化」のステレオタイプから脱した自由な活動を先駆けた。そしてこの国の戦後史は共産党権力と自由化志向勢力との拮抗と抗争で彩られてきた。

チェコは第2次大戦後の社会主義体制確立に至るまでの歴史においてロシアとの否定的な緊張関係がないまま、発達した産業社会と西欧風の政治と文化を享受しえていた。しかしソ連型の社会主義を導入してからは経済的機能障害と文化的閉塞状態がもたらされ、それを克服すべくチェコの土壌に見合った社会再建を企てた1968年の「プラハの春」がソ連の武力介入で潰された。これがチェコ人の反露感情を決定づけたと言われる。

　スロヴァキアでは19世紀の民族構築期に浪漫主義的スラヴィズムの思想と運動が興り、ロシアをその盟主とみる思想的潮流が知識層に広がっていた。第2次大戦末期にスロヴァキアの地で対独パルチザンが苦戦していた時、それを助けたのはソ連軍であった。また、社会主義体制に入ってから後進地域スロヴァキアの開発が目覚ましく進み、地方の住民生活は物質的にも文化的にも顕著に向上した。「プラハの春」事件の際には諸改革が挫折させられた中で、チェコとスロヴァキアの連邦化の構想だけは実現をみてスロヴァキアの自治が拡張され、反露感情の表出はチェコほどには見られなかった。

　ハンガリーでは1956年に民主と自治を求める大規模な国民的規模の反乱が展開したが、ソ連の介入で潰され、反露感情が民衆意識を支配した。しかしその後の政権は政治改革に手を付けず、経済に特化した改革を着実に成功させ、ソ連ブロックの経済圏だけでなく西側諸国との経済交流を広げ、80年代には社会主義諸国の中で最も繁栄を誇る国となった。そのプラグマティックな政策手法はゴルバチョフによるペレストロイカの手本ともされた。

中欧 4 カ国は 1989 年における共産主義権力の崩壊とその後の体制移行期を経て現在に至っている。この間にソ連は解体し、ロシアと中欧との関係も変わった。今ではかつてロシアとの苦い体験をした世代が次第に引退し、ロシアにこだわりのない世代が多くなっている。体制転換期には振り向きもされなかったロシア語を、実用目的で競って学ぶ若者たちも増えている。チェコの若い世代の間では「プラハの春」をもう遠い昔の話として今では気に掛けない傾向が表れている（Lyons & Kindlerova (eds.) 2016：24）。

　中欧各国それぞれの今日的状況を反映しながら、諸国民のロシアに対する見方が表出されている。そのなかで特に注目されるのはスロヴァキア人の親ロシア的意識である。

　スロヴァキアにおける親ロシア的志向は、この国の有力政治家の発言や行動にも表れている。ロシアがクリミアを併合した時、欧米諸国はロシア制裁を採択し、スロヴァキアでも大統領キスカ（Andrej Kiska）がそれを支持したが、首相のフィツォ（Robert Fico）は、クリミア併合は国際法違反だとしつつも、西側はそれによってロシアを制裁すべきではないと語っており、ロシアをスロヴァキアにとっての脅威とはみなさず、むしろ重要なビジネス・パートナーと位置付けている（Duleva 2017：72）。また、国会議長のダンコ（Andrej Danko）は 2017 年 11 月 15 日に招かれたロシアの国会（Duma）での演説の中で、ロシアによるウクライナへの干渉やクリミア併合には一切触れず、国際安全保障は「強いロシア」抜きでは不可能だと強調し、ロシア人もスロヴァキア人も同じスラヴの根を持つ民族同士であり、「我々スラヴ民族は、歴史

や文化だけでなく、我々を取り巻く環境の捉え方においても、相互に密接に結びついている」と述べている（ibid：73）。確かに例えば 2008 年のコソボ独立に際して、スロヴァキアはロシアと共に反対の立場を表明し、コソボとの外交関係樹立を拒否した。

　スロヴァキア人が他の中欧 3 ヵ国、とりわけポーランドと比べて親ロシア的意識の持ち主が多いという事実は、何によって説明できるか。確かにソ連が 1964 年にコメコン加盟のヨーロッパ諸国向けに敷いた世界最長の石油パイプラインのうち、その南線の中継点にあるスロヴァキアは、体制移行後も石油をロシアに大きく依存してきた。その意味でロシアはスロヴァキアにとって重要な位置を占めてきた。しかし、貿易相手国としてのロシアの地位は、現在のスロヴァキア経済にとって特に大きいわけではない。2018 年のデータをみると、スロヴァキアにとってロシアは輸出先としては 8 位（2.04％）、輸入元としては 6 位（5.49％）である。因みにポーランドからの輸出先の中でのロシアの位置は 6 位（3.05％）、輸入元の中でのそれは 4 位（5.55％）で、貿易対象国としてのロシアの地位はスロヴァキアよりもむしろ、中欧 4 カ国の中で反露的意識傾向が最も大きいポーランドの方が高い。そうだとすれば、スロヴァキア人の親ロシア的意識傾向を主として経済関係の客観的現状から説明するのには無理があると思われる。しかしロシアとの交易関係の拡大強化はスロヴァキアの政治家や政府高官の主張にしばしば表れており（例えば ”Slovakia nurtures special ties to Russia” in: www.euractive. com/sections/europes-east）、それが一般民衆にも分有されて

いるかもしれない。

　スロヴァキアにおける親ロシア的意識に関するより一般的な解釈としては、スロヴァキアの世論調査研究所のジャルファーショヴァー（Oľga Gyarfášová）が日刊紙「ホスポダールスケ・ノヴィニ（経済新聞）」（HOSPODÁRSKE NOVINY, 2016年5月23日）で次のように述べている。「スロヴァキア人のロシアに対する信頼はシュトゥール派における『ロシア愛』の名残り、第2次大戦後のスロヴァキア人の社会的経験、共産主義体制下におけるスロヴァキア農業の技術的向上の影響があろう」と。

　その一方では、他の中欧諸国と比べてスロヴァキアで親ロシア的意見が少なくないという世論調査の結果を巡って、スロヴァキアの有力紙「スメ」（SME, 2019年5月1日）が「中欧4ヵ国の中でロシアを最も信頼し、アメリカを最も信頼していないのはスロヴァキア人だ」という世論調査結果に対する読者からの反応を、SNSで求めている。寄せられた意見の多数は親ロシア的見解に反論している。最初に届いた意見のうち主なものを挙げると、次のようである。

　　　「スロヴァキアでは3分の1の人達が、時代遅れの元共産主義者が支配する体制を信じているというが、それは主としてスロヴァキア東部のことではないか。なぜなら（幸いなことに）ここブラチスラヴァ（首都）ではそのような人に会ったことがないからだ。」

　　　「ロシア人を信じられるのは、洞窟の中で200年も生きていた者、人生で一度も書物を開いたことがない者、人生で教育と知性がある人と話をしたことのない者、人

生で歴史に関して専門的なものを読んだことがない者、ロシアの収容所、スターリン、レーニン、ボリシェヴィキ、プーチンの獣性についてまったく聞いたことがない者、ＩＱが60未満の者……」

「ロシア文学はスロヴァキアだけでなく世界的に認められている。確かにロシアの作家、だがその一方にはロシアの政治家がいる。ロシアの政治家達はロシアの大多数の作家達を迫害し、収容所に送り、或いは死刑にした。」

「忘れてはいまいか、解放の時代にロシア兵が我々に略奪や暴行を振るい、多くの罪なき市民を収容所に送り、それから長年モスクワやコメコン諸国での労苦を強い、思想改造の名目で何10万という人々を強制移住させ、1968年には我が国を占拠した。……我々にとってまだ足りないのか。だけど実際30％の人達が革新的なボリシェヴィキ主義者を信じている。これは疑えない。まあ、いいだろう。皆ロシア愛を持ってロシアを擁護してもらおう。」

ここに表現されている反ロシア観は、主としてソ連時代のロシアに対する負の記憶から発している。このような負の記憶は、他の中欧諸国の人々の中にも今なお生き続けているだろう。それにもかかわらず同じ中欧の中に住むスロヴァキア人の間では反ロシア的意識の持ち主が相対的に少ない。それは、第1次大戦前の民族自立運動における汎スラヴ主義、第2次大戦末期におけるソ連軍による支援、そして社会主義時代における農村生活の改善など、負の記憶を上回る正の記憶

が今なお広く人々の間で生き続けていることだけでなく、東西両勢力の間でバランスをとりながら自国の存立を守ろうとする、小国の地政学的配慮が国民の中で広く共有されていることからも、説明できると思われる。

　〈注〉シュトゥール（Ľudovít Štúr）は、19世紀に活躍したスロヴァキアの政治家・文人。スロヴァキア民族史上、おそらく最も著名な人物。スロヴァキア民族形成に向けて統一民族言語としてのスロヴァキア語を確立した。その思想的特徴は啓蒙主義に対する浪漫主義にあり、ローマ・ゲルマン的西欧を個人主義、合理主義、物質主義の打算的世界として否定し、それに対置して相互扶助と心情的共感を核としたスラヴ的共同世界の人間的・道徳的・精神的優位性を強調した（Štúr 1993）。そしてこのスラヴ的共同体の構築に向けて帝政ロシアとの合併を提起し、スラヴ共通の標準文章語としてロシア語の使用を提案したりした。

付　章　体制転換後市民生活の諸相

ロシア人の生活記憶とモスクワ市民の表情

　2016年4月末、モスクワでの国立技術デザイン大学主催の国際コンファレンスに出る機会を使って、ぶらりと街を歩き、買い物や食事をし、旧知のロシア人達と会って、市民生活の様子を垣間見てきた。その数年前には新築工事や改装工事で落ち着きのなかった街路や広場はほぼ整い、街の景観は美しさと賑わいで彩られている。物資も豊富に出回っており、買い物は便利になり、商店や飲食店の店員の表情は明るく、サービスもてきぱきして良くなった。私の訪ロは1967年以来10回ほどになるが、こんな光景に出会ったのは今回が初めてであった。

　確かに今のロシア経済は原油価格の下落やウクライナ問題を巡る西側からの経済制裁などの影響で困難な状況にあり、それが市民生活にもそれなりの影を落としているが、佐々木正道氏（兵庫教育大学名誉教授）が行った「暮らしと社会に関する意識調査」によれば、「現在の生活」に関してロシア人の40％が「満足」、36％が「やや満足」と答えており、「不満」と「やや不安」の回答は合わせても20％をやや上回るにすぎなかった。現時点におけるロシア人のこの生活満足度の高さは、彼らが過去に蒙った途方もない生活苦の記憶に照

らせば納得できるように思われる。

　ロシア人は社会主義革命後数年間の経済混乱や1930年代に強行された急激な工業化と農業集団化の際に生じた食糧難と大規模な飢餓、そのうえ大量処刑を伴う大粛清、といった悲惨な事件を経験し、さらには第2次大戦では国土を荒らされ死者2,000万人にも及ぶといわれる惨事を蒙ったが、これらの戦前戦中の苦難を直接体験した世代は今では少なくなっており、現在を生きる世代にとってそれはもう「過去の出来事」になってしまっているようだ。

　しかし、ロシア人は大戦後も大変な困苦を2度体験している。

　1度目は戦後間もない時期で、日本でもこの時期には混乱と生活苦で大変だったが、ロシアの場合、戦争による産業の破壊に加えて天災による凶作が襲い、人々の生活は極度に困窮化した。この時期の記憶は現在70歳代後半以上の世代に鮮明に残っている。

　モスクワ国立大学の教授だった80歳を越す友人と散歩していた時、こんな思い出話を聞かされた。彼の父親は戦場で倒れ、母親が細腕1つで地方の町で労働者として働きながら、彼と彼の妹を育てた。この町の周囲には畑が広がり、集団農場で農産物や牛乳などが生産されていたが、その産物は「計画経済」の下でほぼそのまま大都市や工業地区に回され、町とその周辺の住民は慢性的な食糧不足に喘いでいた。当時14〜15歳だった彼は学校からの帰り道に、集団農場の畑で取り残されて転がっている馬鈴薯を拾い集めて持ち帰るのが日課になっていた。家のそばまで来ると幼い妹が窓から身を

乗り出し、「お兄ちゃん、今日は何個拾えた？」と言って嬉しそうに出迎えたその笑顔が、その時代の彼の家族の困窮状況を象徴する記憶として今の彼の胸底にあって、現在の暮らしを思う時はいつも評価の基準はその記憶から出てくるそうだ。しかしこの記憶を保持する世代は今では少数化し、その体験も新しい世代にとっては「過去の出来事」に属するようになってきている。

　ところが1980年代末から1990年代初頭にかけての体制転換期に襲った2度目の破局は、新しい世代の間でも生々しい記憶として共有されている。伝統的な社会主義経済管理の非効率を克服し、新しい経済社会の発展を意図したゴルバチョフの「ペレストロイカ」が裏目に出て、ロシア経済は混乱の中に落ち込み、市民の生活は不足と無秩序の中に放り込まれた。1990年代にモスクワやその他の大都市を巡った時によく出くわした、学校にも行かずに街で虚ろな目で物乞いをする、痩せこけた8歳から10歳くらいの少年達の青ざめた顔の表情を、私は今でも鮮明に思い出す。彼らはその後どんな人生を切り開いてきただろうか。私の若い友人で今では弁護士になっている男性は、小学生時代にこの時期を経験した。両親は一定の収入があったが、急激な物価高騰で家計支出を緊縮しなければならなかっただけでなく、消費物資自体がなかなか手に入らなくなったという。例えば鶏卵。これを買うのに半日も行列に並んで待たなければならず、行列に並ぶ人には順番の券が手渡され、その券を手に入れるため、夜明け前から行列に加わったという。その順番待ちが、当時小学生だった彼の家族の中での役割だったそうだ。

こんな体験をしながら苦境を乗り切ってきた子供や大人が、今ではロシア社会の中核をなしている。現在ロシア経済は困難な状況にあって、それが市民の生活に影を落としており、ちょっと前には西欧のアルプスへスキーを楽しみに行くことなどもありえたが、今では南ロシアやコーカサス地方など、国内の近場で我慢するようになったりしているとはいえ、体制転換期の困難な生活体験を記憶する世代の多くの者にとっては、今の状況はまだ「満足」、或いは「やや満足」の域にあるようだ。

（労働調査協議会『労働調査』2016 年 7 月）

飲酒文化の変容とポーランド社会
──ウオッカからビールへ

　1972年夏、私は勤務先の中央大学の学生数人とともに、ポーランド語集中コースに出るためにウーチという都市にいた。ある日、授業の後に学生達と街をぶらついていたら、路傍でウオッカを立ち飲みしている労働者風の2人の男に話しかけられ、彼らの勧めでその立ち飲みを付き合わされる羽目になった。それからそのうちの1人に彼のアパートに連れて行かれ、夕食を出され、またウオッカを飲まされた。ウーチの駅前の正面には、「アルコール追放！」と書かれた大きな垂れ幕が掛けられていたが、ポーランド人はそんなことなど気に掛けず、ウオッカをよく飲んでいた。街のキオスクでも買えた。ポーランド人の友人から貰う土産も、ウオッカだった。それが社会主義時代のポーランドの風景であった。

　それから40年経った頃、私はウーチからそう遠くない都市、人口20万弱のトルンで3カ月を過ごした。ここに来て驚いたことには、路傍でも酒場でもウオッカを飲むポーランド人を見かけなくなった。路傍での立ち飲みは禁止になり、レストランや酒場の中で客が飲んでいるのはもっぱらビールである。行きつけのパブでも客が飲んでいるのがビールばかりだったので、ウエイトレスのおばさんに、ウオッカを飲む客はいないのか、と尋ねたら、ウオッカを注文するのはあなたぐらいだ、と言われてしまった。

70年代にはビールといえば店で売っていたのはせいぜい3種類かそこらで、味も決して良いものではなかった。しかし、体制が変わって市場経済に移行した今日では、多種多様なビールが出回わっている。トルンの中心広場にあるビアホールでは、ポーランド産のビールだけでも77種類がメニューに載っている。味も良くなった。私の行きつけのスーパーでは国産だけでなく、輸入ビールも並んでいる。しかしそこにはウオッカは1瓶も置かれていない。ウオッカを飲むのは、結婚披露宴の際など、限られた時だけになってしまったようだ。社会主義時代には命名日に会社でお祝いがあった。そんな時にもウオッカが出た。今では命名日よりも誕生日の方をお祝いするそうだ。誕生祝いには友人を呼んでウオッカもビールも飲むと言う。

　何人かのポーランド人に、なぜウオッカを飲まなくなったのかと尋ねてみた。「ウオッカは高価だ、俺たちには金がない」という答が、まず返ってきた。確かに一般のパブなどでビール中瓶を1本注文すると日本円換算で100円から120円くらいで、ウオッカだと1ショットでそれをちょっと上回るくらいの値段である。ウオッカは1ショットを一気に飲めばそれで終わりだが、ビールなら1本で4、50分くらいは仲間同士の歓談の間が持つ。低い所得で楽しい時間をより長く持つためには、ビールの方が効果的だ、ということらしい。

　社会主義時代には雇用と最低生活は保障されていたが、手取りの賃金は低かった。労働者の平均月給でビールが20本買える程度だった。今は雇用が不安定で、最低生活の保障も市場経済のもとで危なくなっているが、平均月給でビールを

100本くらい買える水準になった。社会主義時代はビールに限らず物品は国家独占と低生産性のため割高だったが、市場経済になってからは競争が始まり、生産性も上がり、割安になった。

　かつてはビールは労働者が飲むものと見なされ、インテリや経営者や中級高級官僚はむしろウオッカやワインやブランデーを飲んでいた。ウオッカは当時から高価なものとされていたようだ。今では彼らホワイトカラーもウオッカよりビールを飲むようになっている。これがビール人口の増加に寄与しているようだ。

　また、かつては性別に分かれていた社交圏が今では男女間で共通となり、一緒に同席し一緒に歓談する傾向が広がり、女性も飲酒仲間に参入してきたので、ビールが一般に飲まれるようになった、ということも理由の1つのようだ。もっとも女性は特別な機会には男性に負けずウオッカを飲んでいたという。

　ウオッカからビールへの飲酒行動の変化は、社会における格差拡大と低所得者の広がり、そして労働者とホワイトカラーとの飲酒慣行が似てきたこと、酔うことより歓談を楽しむことへ嗜好が移行してきたこと、そして社交生活におけるジェンダーの壁が限りなく低くなったことという、体制転換後ポーランドの社会と文化の変動傾向をよく反映していると見られる。しかし、飲む酒の種類がこのように推移しても、変わらないのはポーランド人の屈託のない陽気さとソフトな人間的絆である。

　ポーランドのパブの店内にはどこでも、「アルコールは健

康を害する」と書かれた小さな看板が掲げられている。国の決まりでパブはこれを掲げなければならないことになっているそうだ。しかしパブの中では、老若男女が陽気にビールを飲んでいる。ビールはアルコールとは見なされていないかのようだ。知らないもの同士でもすぐに話が始まる。平日の午後遅くなど、中層住宅が立ち並ぶ地区の１角にあるような場末の小さなパブに寄ってみると、もう地元の常連客達が集まって他愛ない世間話をしながらビールを飲んでいる光景に出くわす。犬の散歩のついでに立ち寄る客もいる。買い物の帰りに知り合いの飲み仲間を見かけて入ってくる者もいる。私のようなよそ者でも、すぐにその輪の中に加えてくれる。日曜の午後や夕方でも、なにか人気のあるスポーツ競技のテレビ中継があると、地元の人達が集まって観戦できるように、パブは扉を開けている。

　そのようなパブで常連客の誰かの顔が見えないと、「あいつは今日、どうしたんだ」と誰かが言いだす。すると別な誰かが「彼は今、風邪を引いて寝込んでいる」という情報を提供する。あるいは直接本人に電話して、様子を確かめる。ときには直接その人の家に行って、元気で暇そうだったら飲みに誘い出す。

　こうして場末の住宅街のパブは近隣関係の情報が共有され、社会関係が再生産される場にもなっている。パブに出入りしない人でも、常連客の誰かが何らかの関係で顔見知りになっている。人々はそれぞれ地域の中で孤立した存在ではない。このような環境の中では孤独死などもありえないだろう。その一方で人と人との関係はあっさりしさっぱりしているか

ら、地域での人間関係は心理的重圧を伴わない。実際、人々はマイペースであっさりした関係の中に身を置いて生活しており、近隣社会への同調を強要されない。その意味で、住宅街のパブは近隣社会の維持と再生産の円滑な機能を担っている。パブがこのような機能を果たしていくためには、客は泥酔して飲みつぶれたり、攻撃的になったりしてはならない。パブは近隣の仲間と楽しく陽気に暇を過ごす場でなければならないのだ。それにはやはりウオッカよりもビールの方が適しているようだ。

（労働調査協議会『労働調査』508号、2012年5月）

鉱工業の崩壊と地域再生の模索
——スロヴァキア地方都市の経験と営為

　社会主義体制崩壊後のロシアや中欧の国々では、人々は政治的にも文化的にも自由を享受できるようになり、街並みも街を走る車も見違えるほどきれいになった。しかし、資本主義化した新体制のもとで社会的・経済的には人々の間に貧富の格差が広がり、地域格差も顕著に拡大した。地域格差を失業率でみるならば、例えば2013年7月現在、スロヴァキア全国平均13.99％に対して、西部にある首都ブラチスタヴァの中心部では5.60％で完全雇用に近く、他方、中部のバンスコビストリッツァ県では19.03％、東部のプレショウ県では19.62％に上り、先進地域の西部と後背地の中部や東部とではかなり大きな隔たりが見られた。では、中部や東部の町では、産業や雇用はどうなっているのか。2013年の9月、これらの地方の町を歩いてみた。

　その1つが中部地方の山間の狭隘な土地に立つ、人口1万ほどの町、バンスカー・シチアヴニッツァである。この町はかつて金銀を産出するヨーロッパ有数の鉱業都市として栄え、18世紀の80年代には23,000人を超す人口を抱えて、ハンガリー王国（当時スロヴァキアはその範域の中にあった）でブラチスラヴァとデブレツェンに次ぐ第3の規模の都市であった。この町の鉱業労働は主として男性に依存し、その後こ

こに立地した縫製工場が女性の主な就労の場となり、社会主義時代は主としてこの2つの産業が地域住民の雇用と生活を支えていた。

　ところが体制転換後の企業改革と民営化の下で、事態は一変した。鉱業企業は1994年に閉鎖されて今はもう存在せず、そこで働いていた人達は労働事務所（職安のような所）で再訓練を受けて別な職種に変わったり、或いは町の外に出て行った。1,000人の従業員を抱えていた縫製工場の方は、民有化のもとで6つの中小企業に分かれ、それぞれが雇用の継続を希望する従業員を引き取ったが、2013年時点で残っていたのはそのうちの1社にすぎず、その従業員は60人を数えるだけとなった。

　社会主義時代にはこの工場の製品は国内だけでなく、他の東欧諸国やソ連など、広く社会主義陣営内の経済圏にも出されていた。その経済圏が崩壊した後、西側市場向けに事業を転換できず、西側の企業の賃加工で生きていくしか道はなかった。今、残っている縫製工場はドイツの企業の賃加工をしているだけである。つまりデザインと素地はドイツの企業から送られてきて、この工場ではそれを使って製品を作り上げ、それをドイツの企業に送り、それがそのドイツの企業の商標で市場に出されるのである。ドイツの企業にとってこの工場との取引が魅力的なのは、加工賃が安いことである。しかし、スロヴァキアでもしだいに賃金水準が上がってきており、工場としても加工賃も上げざるをえなくなると、外国企業は一般に賃加工先を人件費がもっと安いウクライナやルーマニアやブルガリアに移す傾向が進んできて、この工場の将来も明

るくはない。といって自社製品を開発するだけの資本力や技術力の蓄積がなく、並みの製品を出すだけでは中国製などアジアから流入する低価格衣料品に競争で負けてしまう。

　そのような流れの中でこの地域の周辺近隣村を含めた失業率は増加の傾向を辿り続け、社会主義時代にはゼロだったのが1995年8月には13％となり、2013年7月は19％に上っている。

　しかし、この町の地形と交通の便からいって、外部資本による工業振興とそれによる雇用開発は期待薄である。可能性があるとすれば、この町の歴史と文化の蓄積をベースとした観光業の開発である。ここ10余年の間にホテルが整備され、民宿も増えた。この町はユネスコ世界遺産に登録され、知名度は高まっている。チェコ、オーストリア、ハンガリーなどからそれぞれ年間1,000人以上の宿泊客があり、イギリスやフランスからもそれぞれ数百人が来て宿泊している。日本からの観光客も増えてきた。

　この町には鉱業に関連した自然博物館や歴史博物館、新旧の城址がある。郊外に出ると雄大な自然の眺望を満喫でき、湖畔での安らぎやスキー場でのウインター・スポーツも楽しめる。また、近年、ジャズやクラシック音楽などのコンサートや映画祭、サラマンダー祭という地元の伝統的な鉱山祭りなど、文化イベントも活発に行われている。これらが観光客を招いている。町の外にある丘に立つ教会様式の建造物（カルヴァーリア）とその周辺の修理と維持には、日本人学生も含めて諸外国からボランティアが参加している。

　そしていま、地元の文化と観光の潜在的資源を、雇用創出

も含めて地域振興につなげようという、市民の草の根からの主体的な動きが出てきた。近隣町村を含めて13の自治体と35の企業が会員となってスロヴァキアで最初の地域観光開発連盟ができ、8万ユーロの予算規模で活動を始めている。この営みは国の施策や外部大資本の投資によるものではなく、地元の役場を巻き込み、小企業家のイニシアチブで進められている、市民主体の活動である。住民自身が地域の問題に協働で立ち向かっているこの活動には、すべてを「お上」任せにしていた社会主義時代の慣行から絶縁した、市民の主体的メンタリティの形成と成熟が見てとれる。外面的な体制や機構の変革だけでなく、こうした人々の意識の転換の中に、新時代の社会の定着を見ることができよう。

（労働調査協議会『労働調査』2013年9月）

参考引用文献

ローマ字文献

（著者名アルファベット順、キリル文字はローマ字に変換）

- Anisimov, R., 2013, "Interpersonal Trust: Comparative Analysis", in: O. Kozlova and K. Izdebska (eds.), *Cultures of Trust*, Szczeciń: Minerwa – Wydawnictwo naukowe WH, University of Szczciń, Poland.

- Brokl, L. and Z. Mansfeldová, 2002, "Místo České republiky v demokratické Evropě", in: Z. Mansfeldová and M. Tuček (eds.), *Současná česká společnost: Sociologické studie*, Prague: Sociologický ústav AV ČR.

- Dankin, D.M., 2012, "Doverie kak factor stabil'nosti", in: Uchenye Zapiski IMEI, Vol. 2, No. 1.

- Duleba, A. 2017, "The Janus-Face of Slovakia's Eastern Policy in 2017", *YEARBOOK OF FOREIGN POLICY 2017*, Research Center of the Slovak Foreign Policy Association.

- GLOBAL NOTE 2016 （www.globalnote.jp）.

- Herzen, A. I., 1853, *Du development des ideés révolutionnaires en Russie*（金子訳『ロシアにおける革命思想の発達について』岩波文庫、1950 年、改訳 1975 年）。

- Hollander, P., 1973, *Soviet and American Society: A Comparison*, Oxford University Press（寺谷・渡辺訳『アメリカ人とソビエト人：社会学的研究』紀伊国屋書店, 1977 年）。

- Holý, L., 2001, *Malý český člověk a velký český národ: Národní identita a postkomunistická transformace společnosti*, Prague: Sociologické nakladatelství.

- Hosking, G., 2012, "Structures of Trust: Britain and Russia Compared", in: M. Sasaki and R. Marsh (eds.), *Trust: Comparative Perspectives*, BRILL.

- Kitaitseva, O. and A. Kuchenkova, 2013, "The Influence of Value Orientations on the Formation of Interpersonal Trust", in: O. Kozlova and K. Izdebska (eds.), *Cultures of Trust*, University of Szczeciń.

- Kozlova, O and K. Izdebska (eds.), *Cultures of Trust*, Szczecin: Minerwa – Wydawnictwo naukowe WH, University of Szczciń.

- Lebeda, T. and Vlachová, K., 2010, "Jsou Česi politicky aktivní?", in: H. Marikova, T. Kostelecký, T. Lebeda and M. Škodová (eds.), *Jaká je naše společnost? Otázky, které si často klademe…*, Prague: SLON.

- Luxemburg, R., 1971, *Nationalitätenfrage und Autonomie*、Luchterhand（丸山訳『マルクス主義と民族問題』福村出版，1974 年）。

- Machonin, P. et al., 1967, *Změny v sociální structuře Československa a dynamika sociálně politického vývoje, Prague*: Nakladatelství SVOBODA.

- Machonin, P., 1997, *Social Transformation and Modernization*, Prague: Sociologické nakladatelství.

- Machonin, P., 2000, "Modernization Theory and the Czech Experience", in: L. Mlcoch, P.Machonin, and M. Spojka (eds.), *Economic and Social Changes in Czech Society after 1989*, Prague: The Karolium Press.

- Matějů, P. and A. Vitásková, 2006, "Interpersonal Trust and Mutually Beneficial Exchanges: Measuring Social Capital for Comparative Analyses", *Sociologický časopis / Czech*

Sociological Review, Vol. 42, No.3.

• Medgyesi, M., 2013, "Increasing Income Inequality and Attitudes to Inequality: A Cohort Perspective", AIAS, GINI Discussion Paper 94.

• Mironov, A., 2012, "Eshche raz o tom, chto proishkodit s dukhovnoi kul'turou v Rossii", in: *Sotsial'no-gumanitarnye znania*, No. 4.

• Nešpor, Z. R., 2010, "Jsou Češi skutečně nevěřící? 'Ateistický' národ v sekularizované Evropě a v náboženském světě", H. Maříková, T. Kostelecký, T. Lebeda a M. Škodová (eds), *Jaká je naše společnost?* Prague: Sociologické nakladatelství.

• Romashkina, G. 2012, "Russian Peculiarity of Corporate Culture: A Comparative Analysis by Hofstede's Parameters"（ロマシュキナ「企業文化のロシア的特性」石川・佐々木・白石・ドリャフロフ編『グローバル化のなかの企業文化：国際比較調査から』中央大学出版部, 2012 年）。

• Sasaki, M., 2012, "Cross-National Studies of Trust among Seven Nationalities", in: M. Sasaki and R. Marsh (eds.), *Trust: Comparative Perspectives*, BRILL.

• Sedláčková, M., 2012, "Democratization Process in the Czech Republic", in: *Selected Issues of Modern Democracy*, pp. 39-59.

• Sedláčková, M., 2012b, *Důvĕra a demokracie*, Prague: Sociologické nakladatelství SLON.

• Simonova, L., 2012, "Trust and Ethic Problems of Doing Business Internationally: The Russian Peculiarities"（シモノヴァ「国際ビジネスにおける信頼と倫理」石川・佐々木・白石・ドリャフロフ編『グローバル化のなかの企業文化：国際比較調査から』中央大学出版部, 2012 年）。

• Smith, H., 1971, *The Russians*, The New York Times Books（高

田訳『ロシア人』上・下, 時事通信社, 1978 年)。

• Šubrt, J., 2010, "Public Opinion Research on Social Change in the Czech Republic since November 1989", Power point materials for the 3rd Annual Sociology Week on Central East Europe at Soochow University, Taipei, June 2.

• Šubrt, J., J. Vinopal and M. Vávra, 2010, "The Czechs and Their History: A Contribution to the Study of Historical Consciousness", prepared as part of work on the project 'A Sociological Study of the Historical Consciousness of the Population of the Czech republic' GAČR 403/09/0862.

• Toshchenko, Zh., 2008, "Paradoxes of Economic Consciousness and Behavior",Paper presented to the International Conference on Corporate Culture, Chuo University.

• Veselov, Y., 2013, "Trust in the Transition", Paper presented to the Japan-Russian Workshop on Trust, Institute of Social Sciences, Chuo University（ヴェセロフ「ロシア社会の信頼類型——歴史的背景と現実の動態」佐々木・石川・ドリャフロフ編『ロシア社会の信頼関係』ハーベスト社, 2017 年)。

• Wesołowski, W., 1969, "Strukturnye izmeneniya v sovremennom sotsializme", *Voprosy filosofii*, No. 2.（ウォジミエシュ・ヴェソウォフスキ「現代社会主義の構造的変化」樺・石川編『現代とマルクス主義社会学』社会評論社、1972 年)。

• Weber, M., 1925, "Die Typen der Herrschaft", *Wirtschaft und Gesellschaft*, Tubingen: Verlag von J. C. B. MOHR（浜島訳『権力と支配』みすず書房、1954 年)。

　和漢字文献（著者名 50 音順）
• 石川晃弘, 1993,「東欧社会の統合と労使関係」『公明』12 月号。
• 石川晃弘（編）, 2004,『体制移行期チェコの雇用と労働』中央

大学出版部。

• 石川晃弘, 2005, 「移行期ロシアにおける企業内労働組合の構造と機能」『中央大学文学部紀要』通巻第 208 号。

• 石川晃弘・白石利政（編）, 2005, 『国際比較からみた日本の職場と労働生活』学文社。

• 石川晃弘, 2009, 『体制転換の社会学的研究——中欧の企業と労働』有斐閣。

• 石川晃弘, 2010, 「住民生活の変容と地域社会の再編成」（石川、ファルチャン、川崎編著『体制転換と地域社会の変容——スロヴァキア地方小都市定点追跡調査』中央大学出版部）。

• 石川晃弘, 2019, 「『プラハの春』再考」『中央大学社会科学研究所年報』第 23 号。

• 石川達夫, 1995, 『マサリクとチェコの精神』成文社。

• 石川達夫, 2010, 『チェコ民族再生運動』岩波書店。

• 西村博史, 2005, 「社会的格差と平等観の変化」（石川・白石編『国際比較からみた日本の職場と労働生活』学文社）。

• 大津定美, 1994, 「脱社会主義過程における労使関係——ロシア・旧ソ連諸国の場合」（石川・塩川・松里編『スラブの社会（講座スラブの世界）』弘文堂）。

• 小熊信, 2016, 「地域における社会・文化活動と市民結社」（石川・佐々木・ファルチャン（編）、前掲書）。

• 佐々木正道（編）, 2014, 『信頼感の国際比較研究』中央大学出版部。

• 佐々木・白石・ドリャフロフ（編）『グローバル化のなかの企業文化：国際比較調査から』中央大学出版部, 2012 年。

• 高橋正・高橋その, 1976, 『ソビエト・ライフ』サイマル出版会。

• 張家銘（編）, 2014, 『全球化與地方發展——中東歐與台灣經驗初探』台北：松慧文化。

• 電機連合, 1996, 『14 カ国電機労働者の意識調査結果報告』調査

時報 287, 電機連合。

• 袴田茂樹, 1993,『ロシアのジレンマ：深層の社会力学』筑摩書房。

• 平野寛弥, 2004,「移行期中欧の社会保障制度の特徴と意義」『福祉社会学研究』1 号。

• 北海道大学スラブ研究センター, 1997,「ロシア従業員の仕事意識・企業意識・組合意識・社会観」『スラブ・ユーラシアの変動』領域研究報告輯 No.31 。

• 村田ひろ子・荒牧央, 2013,「格差意識の薄い日本人：ISSP 国際比較調査「社会的不平等」から」『放送研究と調査』12 月。

• 山村埋人, 1998,「体制転換における企業の所有、組織、意思決定構造」『体制移行期の企業と労働——ロシアと中欧』北海道大学スラブ研究センター。

• 横田洋三・秋月弘子・二宮正人（監修）, 2016,『人間開発報告書 2015』CCC メデイアハウス。

著者紹介

　石川晃弘（イシカワ・アキヒロ）　1938 年生れ
東京大学文学部卒業、同大学大学院博士課程中退、社会学博士
中央大学名誉教授、プレショウ大学（スロヴァキア）名誉博士
日本スロバキア協会会長、日本チェコ協会理事

中欧関連著書

『マルクス主義社会学──ソ連と東欧における社会学の展開』（紀伊国屋書店、1969 年）

『くらしのなかの社会主義──チェコスロヴァキアの市民生活』（青木書店、1977 年）

『職場のなかの社会主義──東欧社会主義の模索と挑戦』（青木書店、1983 年）

『東ヨーロッパ──人と文化と社会』（有斐閣、1992 年）

『体制移行期チェコの雇用と労働』（編著、中央大学出版部、2004 年）

『スロヴァキア熱』（海象社、2006 年）

『体制転換の社会学的研究──中欧の企業と労働』（有斐閣、2009 年）

趣　味　スラヴ系民謡の歌唱、金魚とメダカの飼育

ロシア、中欧の体制転換——比較社会分析

2020 年 8 月 25 日　初版第 1 刷発行

著　者	石川晃弘
発行人	入村康治
装　幀	入村　環
発行所	ロゴス
	〒 113-0033　東京都文京区本郷 2-6-11
	TEL.03-5840-8525　FAX.03-5840-8544
	URL http://logos-ui.org
印刷／製本	株式会社 Sun Fuerza

定価はカバーに表示してあります。　ISBN978-4-910172-02-6

西川伸一 著
オーウェル『動物農場』の政治学　　四六判 204 頁・1800 円＋税

武田信照 著
ミル・マルクス・現代　　四六判 上製 250 頁・2300 円＋税

村岡 到 編著　塩川伸明　加藤志津子　西川伸一　石川晃弘　羽場久美子
　　　　　　　佐藤和之　森岡真史　伊藤 誠　瀬戸岡 紘　藤岡 惇
歴史の教訓と社会主義　　Ａ５判 284 頁・3000 円＋税

村岡 到 著　生存権所得
ベーシックインカムで大転換　　四六判 236 頁・1800 円＋税

村岡 到 著
親鸞・ウェーバー・社会主義　　Ａ５判 上製 236 頁・2400 円＋税

村岡 到 著
文化象徴天皇への変革　　四六判 158 頁・1500 円＋税

村岡 到 著
不破哲三と日本共産党 共産党の限界を突破　四六判 236 頁・2000 円＋税

村岡 到 著
ソ連邦の崩壊と社会主義 ロシア革命 100 年　四六判 252 頁・1800 円＋税

村岡 到 著
共産党、政党助成金を活かし飛躍を　　四六判 188 頁・1700 円＋税

村岡 到 著
池田大作の「人間性社会主義」　　四六判 154 頁・1300 円＋税

村岡 到 著
左翼の反省と展望 社会主義を志向して 60 年　四六判 202 頁・1700 円＋税

村岡 到 編　孫崎享　西川伸一　紅林進
政権構想の探究 ①　　四六判 106 頁・1000 円＋税

あなたの本を創りませんか――出版の相談をどうぞ、小社に。